Genau! Lesen

neu

別冊　練習問題

新倉真矢子／亀ヶ谷昌秀／正木晶子／中野有希子　共著

第三書房

《確認編》

【Ⅰ】動詞を変化させて，表を完成させましょう。（　　）内に意味も書きましょう。

)

不定形　**komm**en　（　　　　　　　　　　）	
ich　私は	wir　私たちは
du　君は	ihr　君たちは
er　彼は / sie　彼女は / es　それは	sie　彼らは
Sie　あなたは，あなた方は	

2)

不定形　**studier**en　（　　　　　　　　　　）	
ich　私は	wir　私たちは
du　君は	ihr　君たちは
er　彼は / sie　彼女は / es　それは	sie　彼らは
Sie　あなたは，あなた方は	

3)

不定形　**trink**en　（　　　　　　　　　　）	
ich　私は	wir　私たちは
du　君は	ihr　君たちは
er　彼は / sie　彼女は / es　それは	sie　彼らは
Sie　あなたは，あなた方は	

4)

不定形　**heiß**en　（　　　　　　　　　　）	
ich　私は	wir　私たちは
du　君は	ihr　君たちは
er　彼は / sie　彼女は / es　それは	sie　彼らは
Sie　あなたは，あなた方は	

《問題編》

【Ⅰ】(　　)内の動詞を適切な形にして入れましょう。

1) Woher ＿＿＿＿＿＿＿ Sie?　　　　　　　　　　　　　　　　　　　　**(komm**en)

あなたはどこのご出身ですか？

— Ich ＿＿＿＿＿＿＿ aus Tokyo.

私は東京から来ました。

2) Was ＿＿＿＿＿＿＿ du gern?　　　　　　　　　　　　　　　　　　**(mach**en)

君は何をするのが好きですか？

— Ich ＿＿＿＿＿＿＿ gern Gitarre.　　　　　　　　　　　　　　**(spiel**en)

私はギターを弾くのが好きです。

3) Sie ＿＿＿＿＿＿＿ jetzt Deutsch.　　　　　　　　　　　　　　**(lern**en)

彼女は今ドイツ語を学んでいます。

4) ＿＿＿＿＿＿＿ er gern Musik?　　　　　　　　　　　　　　　　**(hör**en)

彼は音楽を聴くのが好きですか？

— Ja, er ＿＿＿＿＿＿＿ gern Rock.

はい，彼はロックを聴くのが好きです。

5) Wo ＿＿＿＿＿＿＿ ihr?　　　　　　　　　　　　　　　　　　　　**(wohn**en)

君たちはどこに住んでいるの？

— Wir ＿＿＿＿＿＿＿ in der Kantstraße.

私たちはカント通りに住んでいます。

6) ＿＿＿＿＿＿＿ du gern Wein?　　　　　　　　　　　　　　　　**(trink**en)

君はワインが好きですか？

— Nein, ich ＿＿＿＿＿＿＿ lieber Bier.

いいえ，僕はビールの方が好きです。

【Ⅱ】以下の語を並べかえて文を作りましょう。動詞は適切な形に変えましょう。

1) 彼女はベルリンで大学に通っています。

sie / in Berlin / **studier**en / .

＿＿＿＿＿＿＿＿＿＿＿＿＿＿＿＿＿＿＿＿＿＿＿＿＿＿＿＿＿＿＿＿＿

2) あなたは紅茶が好きですか？

Sie / gern / Tee / **trink**en / ?

＿＿＿＿＿＿＿＿＿＿＿＿＿＿＿＿＿＿＿＿＿＿＿＿＿＿＿＿＿＿＿＿＿

3) どこから君は来たの？

woher / du / **komm**en / ?

＿＿＿＿＿＿＿＿＿＿＿＿＿＿＿＿＿＿＿＿＿＿＿＿＿＿＿＿＿＿＿＿＿

日本語に合うように，下線部に適切な単語を入れましょう。
最後に縦軸に現れる単語は何でしょう？

a) Was _____ du?　　　　　　　君は何を専攻していますか？

b) _____ Sie Japanisch?　　　　あなたは日本語を学んでいるのですか？

c) Sie kommt _____ Berlin.　　　彼女はベルリン出身です。

d) Paul wohnt _____ in der Bachstraße.　パウルは今，バッハ通りに住んでいます。

e) _____ du Klavier?　　　　　　君はピアノを弾きますか？

f) Ich komme _____ aus China.　私は中国出身ではありません。

g) Wie _____ Sie?　　　　　　　お名前は何とおっしゃるのですか？

		s	t	u		i	e	r	
b)		L			n	e	n		
c)		a							
d)	j	e			t				
e) S p			l						
f)	n			h	t				
g)					ß	e	n		

3

Lektion 2　Übungen

《確認編》

【Ⅰ】動詞を変化させて，表を完成させましょう。（　）内に意味も書きましょう。

1)

不定形　**sein**　（　　　　　　　　　）	
ich　私は	wir　私たちは
du　君は	ihr　君たちは
er　彼は / sie　彼女は / es　それは	sie　彼らは
Sie　あなたは，あなた方は	

2)

不定形　**hab**en　（　　　　　　　　　）	
ich　私は	wir　私たちは
du　君は	ihr　君たちは
er　彼は / sie　彼女は / es　それは	sie　彼らは
Sie　あなたは，あなた方は	

3)

不定形　**wart**en　（　　　　　　　　　）	
ich　私は	wir　私たちは
du　君は	ihr　君たちは
er　彼は / sie　彼女は / es　それは	sie　彼らは
Sie　あなたは，あなた方は	

4)

不定形　**find**en　（　　　　　　　　　）	
ich　私は	wir　私たちは
du　君は	ihr　君たちは
er　彼は / sie　彼女は / es　それは	sie　彼らは
Sie　あなたは，あなた方は	

【Ⅰ】（　）内の動詞を適切な形にして入れましょう。

1) .... Sie müde?　　　　　　　　　　　　　　　　(sein)

　　あなたは疲れていますか？

2) Was .... du von Beruf?　　　　　　　　　　　(sein)

　　君の職業は何ですか？

3) Ich .... Lehrer.　　　　　　　　　　　　　　　(sein)

　　私は教師です。

4) .... Sie Hunger?　　　　　　　　　　　　　　(haben)

　　あなたはお腹が空いていますか？

5) Ja, ich .... Hunger.　　　　　　　　　　　　(haben)

　　はい，私はお腹が空いています。

6) Sie .... zwei Geschwister.　　　　　　　　(haben)

　　彼女には兄弟姉妹が二人います。

7) .... ihr heute noch?　　　　　　　　　　　(arbeiten)

　　君たちは今日はまだ働きますか。

8) Er .... den ganzen Tag.　　　　　　　　　(arbeiten)

　　彼は一日中働いています。

9) Sie .... bald 20 (zwanzig) Jahre alt.　　(werden)

　　彼女はまもなく20歳になります。

10) .... du später Arzt?　　　　　　　　　　(werden)

　　君は将来医者になるんですか？

11) .... du auf Sophie?　　　　　　　　　　(warten)

　　君はゾフィーを待っているの？

【Ⅱ】日本語と同じ意味になるように並列の接続詞を入れましょう。

1) Sie ist Koreanerin, ... ich bin Japaner.

　　彼女は韓国人だが，私は日本人です。

2) Ich esse Kuchen .... trinke Tee.

　　私はケーキを食べて，お茶を飲みます。

3) Möchten Sie Tee .... Kaffee?

　　あなたはお茶にしますか，それともコーヒーにしますか？

4) Sie kommt .... heute, ... morgen.

　　彼女は今日でなく，明日来ます。

5) Er ist groß, ... sie ist klein.

　　彼は背が高いが，彼女は背が低いです。

6) Maria lernt Japanisch, ... sie reist nach Japan.

　　マリアは日本語を学んでいます，というのも日本へ旅行に行くからです。

【Ⅲ】以下の文を並べ替えて文を作りましょう。動詞は適切な形に変えましょう。

1) 君はドイツ人ですか？

  du / Deutscher / sein / ?

----

2) マリアは教師になり，トーマスはパイロットになります。

  Maria / Lehrerin / und / Thomas / Pilot / **werd**en / .

----

3) 君たちはドイツで働いているの？

  ihr / in Deutschland / **arbeit**en / ?

----

4) 君は明日，時間がありますか？

  du / morgen / Zeit / **hab**en / ?

----

5) あなたにはお子さんがいますか？

  Sie / Kinder/ **hab**en / ?

----

6) ハンスは学校で授業をします。

  Hans / an der Schule / **unterricht**en / .

----

7) 君たちはいつもまじめに働いています。

  ihr / immer / fleißig / **arbeit**en / .

----

8) ペーターはまもなく父になる。

  Peter / bald / Vater/ **werd**en / .

----

9) あなたの職業は何ですか？

  was / Sie / von Beruf / **sein** /?

----

10) 彼は病気らしい，というのも彼は今日欠席している。

  er / vielleicht / krank / **sein** / , / denn / er / heute / **fehl**en / .

Lektion 3　Übungen

《確認編》

【Ⅰ】空欄に冠詞と語を入れて表を完成させましょう。（　）内に意味も書きましょう。

1)

定　冠　詞		
	Bruder 男 （　　　　）	Uhr 女 （　　　　）	Klavier 中 （　　　　）
1格（〜が，は）			
2格（〜の）			
3格（〜に）			
4格（〜を）			

2)

不　定　冠　詞		
	Sohn 男 （　　　　）	Pianistin 女 （　　　　）	Fahrrad 中 （　　　　）
1格（〜が，は）			
2格（〜の）			
3格（〜に）			
4格（〜を）			

3)

否　定　冠　詞		
	Hut 男 （　　　　）	Zeit 女 （　　　　）	Fieber 中 （　　　　）
1格（〜が，は）			
2格（〜の）			
3格（〜に）			
4格（〜を）			

《問題編》

【Ⅰ】定冠詞を入れましょう。

1) .... Wagen 男 ist alt.

その車は古いです。

2) Ich suche .... Tasche 女.

私はそのかばんを探しています。

3) .... Buch 中 ist dick.

その本は分厚いです。

4) .... Uhr 女 .... Mutter 女 ist teuer.

母親のその時計は高価です。

5) Wir zeigen .... Mann 男 .... Weg 男.

私たちはその男の人にその道を示します。

6) .... Klavier 中 .... Bruders 男 ist neu.

兄のそのピアノは新しいです。

7) Klara besucht heute .... Stadt 女.

クラーラは今日その街を訪ねます。

8) Er schenkt .... Schüler 男 .... Buch 中.

彼はその男子生徒にその本をプレゼントします。

9) .... Vater 男 .... Kindes 中 kommt aus China.

その子供の父親は中国出身です。

10) .... Bluse 女 .... Frau 女 ist schick.

その女性のブラウスは素敵です。

11) .... Tochter 女 .... Arztes 男 studiert Medizin.

その医師の娘は医学を勉強しています。

12) Ich schicke .... Schwester 女 .... Gepäck 中.

私は妹にその荷物を送ります。

13) .... Garten 男 ist groß.

その庭は大きいです。

14) .... Geige 女 .... Studentin 女 ist teuer.

その女子学生のバイオリンは高価です。

15) Wir geben .... Kind 中 .... Kuchen 男.

私たちはその子供にケーキをあげます。

【Ⅱ】不定冠詞・否定冠詞を入れましょう。

1) Er besucht .... Pianistin 女 in Deutschland.

　　　彼はドイツであるピアニストを訪ねます。

2) .... Katze 女 ist dort.

　　　一匹の猫があそこにいます。

3) Sie haben .... Sohn.

　　　彼らには息子が一人います。

4) Wir geben .... Kind 中 .... Hut 男.

　　　私たちはある子供に帽子を一つあげます。

5) Er kauft .... Fahrrad 中.

　　　彼は自転車を一台買います。

6) Ich habe .... Schwester.

　　　私には姉が一人います。

7) Habt ihr morgen Zeit 女?

　　　君たちは明日時間がありますか?

　　— Nein, wir haben morgen .... Zeit.

　　　いいえ，私たちは明日は時間がありません。

8) Hat sie Fieber 中? – Nein, sie hat .... Fieber.

　　　彼女は熱があるのですか?ーいいえ，彼女は熱がありません。

【Ⅲ】以下の語を並べ替えて文を作りなさい。冠詞を補い，動詞は適切な形に変えましょう。

1) その女優の家は大きいです。

　　　Haus 中 ／ Schauspielerin 女 ／ groß ／ sein ／ .

- -

2) 私は一冊の本と一冊の雑誌を買います。

　　　ich ／ Buch 中 ／ und ／ Zeitschrift 女 ／ kaufen ／ .

- -

3) 彼は時間がありません。

　　　er ／ Zeit 女 ／ haben ／ .

- -

4) 彼女はある少女にその犬をプレゼントします。

　　　sie ／ Mädchen 中 ／Hund 男 ／ schenken ／ .

- -

Lektion 4　Übungen

《確認編》

【Ⅰ】複数形の格変化表を完成させましょう。（　）内には意味を書きましょう。

1)

der Computer （　　　　　　）　複数形 ⇨ die	
1格（〜が，は）	
2格（〜の）	
3格（〜に）	
4格（〜を）	

2)

die Wurst（　　　　　　）　複数形 ⇨ die	
1格（〜が，は）	
2格（〜の）	
3格（〜に）	
4格（〜を）	

3)

der Apfel （　　　　　　）　複数形 ⇨ die	
1格（〜が，は）	
2格（〜の）	
3格（〜に）	
4格（〜を）	

4)

das Buch（　　　　　　）　複数形 ⇨ die	
1格（〜が，は）	
2格（〜の）	
3格（〜に）	
4格（〜を）	

《問題編》

【Ⅰ】人称代名詞を入れましょう。

1) Wer ist der Mann?

あの男性は誰ですか？

— .... ist mein Bruder.

彼は私の兄です。

2) Wie findest du Julia?

君はユリアをどう思う？

— Ich finde .... nett.

私は彼女を親切だと思う。

3) Was kaufst du deiner Mutter?

君のお母さんに何を買うの？

— Ich kaufe .... eine Tasche.

私は彼女にバッグを買います。

4) Wo ist das Museum?

その美術館はどこにあるの？

— Ich suche .... jetzt.

今，それを探しているところです。

5) Ich suche Zeitungen.

新聞 複 を探しているのですが。

— .... sind im Wohnzimmer.

それらはリビングにありますよ。

6) Sie helfen ....

あなたは私たちに手助けしてくれます。　※ helfen：〈人³〉に手を貸す

Wir danken ....

私たちはあなたに感謝します。

7) Petra und Paul heiraten.

ペトラとパウルは結婚します。

Ich schenke .... eine Lampe.

私は彼らにランプを贈ります。

8) Die DVD ist sehr interessant.

その DVD はとても面白いです。

Ich gebe .... die DVD morgen.

明日君たちにその DVD をあげるよ。

11

9) Jochen möchte den Roman 男.

  ヨッヘンはその小説を欲しがっています。

  Ich schenke _____ ihm.

  私は**それを**彼にプレゼントします。

10) Der Computer ist praktisch.

  そのコンピュータは使いやすいです。

  Er gefällt _____ sehr gut.   ※ gefallen :〈1格〉が〈3格〉の気に入る

  それは**私の**お気に入りです。

11) Ich schicke _____ heute Abend eine E-Mail.

  今晩**君に**メールを送ります。

12) Der Professor empfiehlt _____ ein Wörterbuch.

  その教授は**私たちに**辞書を推薦します。

【Ⅱ】下線部の名詞を複数形にし，動詞を適切な形に変えて書き換えましょう。

1) Die Wurst ist sehr lecker.

  そのソーセージはとても美味しいです。

  → Die _____ _____ sehr lecker.

2) Singt der Student gern Karaoke？

  その大学生はカラオケを歌うのが好きですか？

  → _____ d_____ _____ gern Karaoke？

3) Das Kind hat das Buch.

  その子供はその本を持っている。

  → Die _____ _____ d_____ _____.

4) Der Computer ist neu.

  そのコンピューターは新しいです。

  → Die _____ _____ neu.

5) Das Haus ist groß.

  その家は大きいです。

  → Die _____ _____ groß.

6) Der Schüler lernt Französisch.

  その生徒はフランス語を学んでいます。

  → Die _____ _____ Französisch.

7) Ich kaufe den Apfel.

  私はそのリンゴを買います。

  → Ich kaufe d_____ _____.

12

【Ⅲ】次の文をドイツ語に訳しましょう。

1) 彼は彼女を愛している（lieben）。

2) 君たちは彼らのことを知っていますか（kennen）？

3) 君は彼のことをどう（wie）思いますか（finden）？

4) 君は彼女に何を（was）プレゼントするの（schenken）？

5) その車（Auto 中）は彼のものです（gehören）。　※gehören + 3格：〈人³〉のものである

6) あなたは私に手をかしてくれますか（helfen）？

7) 私たちは彼らをほめます（loben）。

8) 私は彼女に一冊の辞書（Wörterbuch 中）をあげます（geben）。

9) 彼は私たちに1通のメール(E-Mail 女)を送ります（schicken）。

10) 彼女は彼に感謝します（danken）。

11) 君は彼らに何を（was）買ってあげるの（kaufen）？

12) 彼らは私にその本（Buch 中）を推薦します（empfehlen）。

Lektion 5　Übungen

《確認編》

【Ⅰ】

1) 次の単語（所有冠詞）を変化させましょう。(　　)に意味も書きましょう。

	mein Onkel 男	ihre Mutter 女	seine Frau 女
1格	(　　　　　)	(　　　　　)	(　　　　　)
2格			
3格			
4格			

	unser Garten 男	meine Brüder 複	unsere Eltern 複
1格	(　　　　　)	(　　　　　)	(　　　　　)
2格			
3格			
4格			

2) 次の単語（定冠詞類）を変化させましょう。(　　)に意味も書きましょう。

	welches Buch 中	dieser Junge 男	dieses Mädchen 中
1格	(　　　　　)	(　　　　　)	(　　　　　)
2格			
3格			
4格			

	diese Kirche 女	alle Gäste 複	alle Touristen 複
1格	(　　　　　)	(　　　　　)	(　　　　　)
2格			
3格			
4格			

《問題編》

【Ⅰ】下線部に所有冠詞の語尾を入れましょう。語尾が入らないところには×をつけましょう。

1) Das ist mein＿＿＿＿ Familie 女.

これが私の家族です。

2) Mein＿＿＿＿ Schwester heißt Maria.

私の姉はマリアという名前です。

3) Sie und ihr＿＿＿＿ Freundin wohnen in Bonn.

彼女と彼女の友人はボンに住んでいます。

4) Mein＿＿＿＿ Brüder 複 sind noch Schüler.

私の弟たちはまだ生徒です。

5) Mein＿＿＿＿ Mutter hat einen Bruder.

私の母には弟が一人います。

6) Er heißt Ralf und ist mein＿＿＿＿ Onkel 男.

彼の名はラルフで，私の叔父です。

7) Sein＿＿＿＿ Frau heißt Barbara.

彼の妻はバルバラといいます。

8) Sie ist mein＿＿＿＿ Tante.

彼女は私の叔母です。

9) Sie reisen oft und schreiben unser＿＿＿＿ Großeltern 複 Postkarten.

彼らはよく旅行に行き，私の祖父母に絵葉書を書きます。

10) Er besucht morgen sein＿＿＿＿ Eltern 複.

彼は明日，両親を訪ねます。

11) Mein＿＿＿＿ Cousin 男 und ich gehen wandern.

いとこと私はハイキングに行きます。

12) Gefällt Ihnen unser＿＿＿＿ Garten 男?

あなたがたは私たちの庭を気に入りましたか？

【Ⅱ】下線部に定冠詞類の語尾を入れましょう。

1) Welch＿＿＿＿ Buch 中 findest du interessant?

君はどの本を面白いと思いますか？

— Dies＿＿＿＿ Buch ist sehr gut.

この本はとても良いです。

2) Welch＿＿＿＿ Kugelschreiber 男 schreibt gut?

どのボールペンが書きやすいですか？

— Dies＿＿＿＿ Kugelschreiber finde ich praktisch.

このボールペンは便利だと思います。

15

3) Gehst du jed＿＿＿ Woche 女（副詞的4格）schwimmen?

　　　君は毎週，泳ぎに行きますか？

　　　— Nein, fast jed＿＿＿ Tag 男（副詞的4格）.

　　　いいえ，ほぼ毎日。

4) Gehört das Fahrrad dies＿＿＿ Mädchen 中?

　　　この自転車はこの女の子のものですか？

　　　— Nein, es gehört dies＿＿＿ Jungen 男.

　　　いいえ，それはこの男の子のものです。

5) All＿＿＿ Touristen 複 besuchen dies＿＿＿ Kirche 女.

　　　旅行者たちは皆この教会を訪れます。

6) Wir wünschen all＿＿＿ Gästen 複 eine gute Reise.

　　　私たちはすべての客に良い旅行を祈っています。

【Ⅲ】次の日本語をドイツ語に訳しましょう。

1) あそこに（da）私たちのバス（男 Bus）が来ます（kommen）。

＿＿＿＿＿＿＿＿＿＿＿＿＿＿＿＿＿＿＿＿＿＿＿＿＿＿＿＿＿

2) 彼は，この水曜日（男 Mittwoch）に彼の誕生日（男 Geburtstag）を祝います（feiern）。

＿＿＿＿＿＿＿＿＿＿＿＿＿＿＿＿＿＿＿＿＿＿＿＿＿＿＿＿＿

3) トーマス（Thomas）と彼の友人（男 Freund）は，ハンブルクに（in Hamburg）います（sein）。

＿＿＿＿＿＿＿＿＿＿＿＿＿＿＿＿＿＿＿＿＿＿＿＿＿＿＿＿＿

4) 彼らは，君のカギ（男 Schlüssel）を探しています（suchen）。

＿＿＿＿＿＿＿＿＿＿＿＿＿＿＿＿＿＿＿＿＿＿＿＿＿＿＿＿＿

5) あなたは私たちの助け（女 Hilfe）が必要ですか（brauchen）？

＿＿＿＿＿＿＿＿＿＿＿＿＿＿＿＿＿＿＿＿＿＿＿＿＿＿＿＿＿

6) 君は彼女の携帯電話番号（女 Handynummer）を持っていますか（haben）？

＿＿＿＿＿＿＿＿＿＿＿＿＿＿＿＿＿＿＿＿＿＿＿＿＿＿＿＿＿

7) あなたは私の叔父（男 Onkel）を知っていますか（kennen）？

＿＿＿＿＿＿＿＿＿＿＿＿＿＿＿＿＿＿＿＿＿＿＿＿＿＿＿＿＿

8) 彼は彼のガールフレンドに（女 Freundin）一通の絵葉書（女 Postkarte）を送ります（schicken）。

＿＿＿＿＿＿＿＿＿＿＿＿＿＿＿＿＿＿＿＿＿＿＿＿＿＿＿＿＿

9) 私たちは明日（morgen）祖父母（複 Großeltern）を訪ねます（besuchen）。

＿＿＿＿＿＿＿＿＿＿＿＿＿＿＿＿＿＿＿＿＿＿＿＿＿＿＿＿＿

10) 君はどのスープ（女 Suppe）を注文しますか（bestellen）？

＿＿＿＿＿＿＿＿＿＿＿＿＿＿＿＿＿＿＿＿＿＿＿＿＿＿＿＿＿

Lektion 6 Übungen

《確認編》

【Ⅰ】動詞の現在人称変化を空欄に書いて表を完成させ，カッコに意味も書きましょう。

1)

不定形 schlafen ( )	
ich 私は	wir 私たちは
du 君は	ihr 君たちは
er 彼は / sie 彼女は / es それは	sie 彼らは
Sie あなたは，あなた方は	

2)

不定形 sehen ( )	
ich 私は	wir 私たちは
du 君は	ihr 君たちは
er 彼は / sie 彼女は / es それは	sie 彼らは
Sie あなたは，あなた方は	

3)

不定形 geben ( )	
ich 私は	wir 私たちは
du 君は	ihr 君たちは
er 彼は / sie 彼女は / es それは	sie 彼らは
Sie あなたは，あなた方は	

【Ⅱ】動詞 lesen を，du / ihr / Sie それぞれに対する命令形にして入れましょう。

du に対して： ＿＿＿＿＿＿＿＿＿ doch das Buch!

その本を読んでごらんよ。

ihr に対して： ＿＿＿＿＿＿＿＿＿ mal das Buch!

その本を読んでみてごらんよ。

Sie に対して： ＿＿＿＿＿＿＿＿＿ Sie bitte das Buch!

その本を読んでみて下さい。

《問題編》

【Ⅰ】（　）内の動詞を適切な形にして入れましょう。

1) Wohin _____ du im Winter?　　　　　　　　　　（**fahr**en）

　　君はこの冬どこへ行くの？

　　— Ich _____ nach Spanien.

　　私はスペインへ行きます。

2) _____ Erika Deutsch?　　　　　　　　　　　　（**sprech**en）

　　エリカはドイツ語を話しますか？

　　— Ja, sie _____ gut Deutsch.

　　はい，彼女は上手にドイツ語を話します。

3) Was _____ du gern?　　　　　　　　　　　　　（**les**en）

　　君は何を読むのが好きですか？

　　— Ich _____ gern Krimis.

　　僕は探偵小説を読むのが好きです。

4) _____ du gern Fisch?　　　　　　　　　　　　（**ess**en）

　　君は魚が好きですか？

　　— Ja, aber ich _____ lieber Fleisch.

　　ええ，でもお肉の方が好きです。

5) Das Baby _____ immer sehr gut.　　　　　　　（**schlaf**en）

　　その赤ちゃんはいつもとてもよく眠ります。

6) _____ du ein Taxi?　　　　　　　　　　　　　（**nehm**en）

　　君はタクシーに乗りますか？

　　— Nein, ich _____ den Bus.

　　いいえ，バスに乗ります。

7) Wo ist Stefanie? — Ich _____ es nicht.　　　　（**wiss**en）

　　シュテファニーはどこにいるの？　　わかりません。

8) _____ wir zusammen das Fußballspiel!　　　　（**seh**en）

　　一緒にサッカーの試合を見ましょう。

9) Mein Vater _____ eine Brille.　　　　　　　　（**trag**en）

　　私の父はメガネをかけています。

10) Mein Bruder _____ jeden Samstag sein Auto.　（**wasch**en）

　　弟は毎土曜日に自分の車を洗います。

11) Der Lehrer _____ den Schülern Hausaufgaben.　（**geb**en）

　　その教師は生徒たちに宿題を出します。

12) _____ du mir bitte bei der Reparatur meines Fahrrads?　（**helf**en）

　　自転車を修理するのを手伝ってくれますか？

18

【Ⅱ】(　　)内の動詞を使い，指定された人に対する命令文を完成させましょう。

1) ＿＿＿＿＿＿ zu Hause! (**bleib**en)

   (duに対して) 家にいなさい。

2) ＿＿＿＿＿＿ gut! (**schlaf**en)

   (duに対して) よく寝てね。

3) ＿＿＿＿＿＿ herein! (**komm**en)

   (ihrに対して) みんな中に入って。

4) ＿＿＿＿＿＿ Sie bitte noch ein Stück Kuchen! (**nehm**en)

   (Sieに対して) ケーキをもう一切れどうぞ。

5) ＿＿＿＿＿＿ Sie bitte langsamer! (**sprech**en)

   (Sieに対して)もう少しゆっくり話して下さい。

6) ＿＿＿＿＿＿ Sie bitte die Verspätung! (**entschuldig**en)

   (Sieに対して)遅れて申し訳ありません。

7) ＿＿＿＿＿＿ bitte einen Moment! (**wart**en)

   (ihrに対して)皆，ちょっと待っててね。

8) ＿＿＿＿＿＿ bitte vorsichtig! (**sein**)

   (ihrに対して)皆，注意してね。

9) ＿＿＿＿＿＿ doch zum Arzt! (**geh**en)

   (duに対して)医者に行きなよ。

10) ＿＿＿＿＿＿ mir deine E-Mail-Adresse! (**geb**en)

   (duに対して)君のメールアドレスを教えてよ。

11) ＿＿＿＿＿＿ nicht so schnell! (**fahr**en)

   (duに対して)そんなに速く（車で）走らないで。

12) ＿＿＿＿＿＿ mir bitte beim Kochen! (**helf**en)

   (ihrに対して)料理の手伝いをしてね。

13) ＿＿＿＿＿＿ nicht so laut! (**sprech**en)

   (duに対して)そんなに大きな声で話さないで。

14) ＿＿＿＿＿＿ Sie bitte morgen zu mir! (**komm**en)

   (Sieに対して)明日，私のところに来てください。

15) ＿＿＿＿＿＿ mal das Buch! (**les**en)

   (ihrに対して)その本を読んでみてよ。

Lektion 7　Übungen

《確認編》

【Ⅰ】話法の助動詞等を変化させて，表を完成させましょう。(　　)内に意味も書きましょう。

1)

不定形　**könn**en (　　　　　　　)	
ich　私は	wir　私たちは
du　君は	ihr　君たちは
er　彼は / sie　彼女は / es　それは	sie　彼らは
Sie　あなたは，あなた方は	

2)

不定形　**woll**en (　　　　　　　)	
ich　私は	wir　私たちは
du　君は	ihr　君たちは
er　彼は / sie　彼女は / es　それは	sie　彼らは
Sie　あなたは，あなた方は	

3)

不定形　**möcht**en (　　　　　　　)	
ich　私は	wir　私たちは
du　君は	ihr　君たちは
er　彼は / sie　彼女は / es　それは	sie　彼らは
Sie　あなたは，あなた方は	

4)

不定形　**lass**en (　　　　　　　)	
ich　私は	wir　私たちは
du　君は	ihr　君たちは
er　彼は / sie　彼女は / es　それは	sie　彼らは
Sie　あなたは，あなた方は	

《問題編》

【Ⅰ】( )の話法の助動詞等を適切な形に変化させて入れましょう。

1) Ich _____ essen gehen. (möchten)

　　私は食事に行きたい。

2) _____ ich mitkommen? (sollen)

　　一緒に行きましょうか？

3) Ich _____ Klavier spielen. (wollen)

　　私はピアノを弾くつもりです。

4) _____ ihr Fußball spielen? (können)

　　君たちはサッカーができますか？

5) Ich _____ Hausaufgaben machen. (müssen)

　　私は宿題をしなくてはなりません。

6) Hans _____ morgen zum Arzt gehen. (werden)

　　ハンスは明日医者に行くでしょう。

7) Man _____ hier nicht essen. (dürfen)

　　ここで食事をしなければいけません。

8) Was _____ Sie im Winter machen? (wollen)

　　あなたは冬に何をするつもりですか？

9) Wir _____ ein bisschen Italienisch. (können)

　　私たちは少しイタリア語ができます。

10) Wir _____ ihn singen. (hören)

　　私たちは彼が歌うのを聴きます。

11) Wo _____ du dein Auto reparieren? (lassen)

　　君はどこで車を修理させますか？

12) Er _____ seinen Sohn das Auto waschen. (lassen)

　　彼は息子に車を洗わせます。

【Ⅱ】以下の語を並べかえて文を作りましょう。話法の助動詞等は適切な形に変えましょう。

1) ここで写真を撮ってもよろしいですか？

　　　man / hier / fotografieren / dürfen / ?

----

2) シュミットさんはダイエットをしなければなりません。

　　　Herr Schmidt / Diät / machen / müssen / .

----

3) 彼女は上手にダンスできますか？

　　　sie / gut / tanzen / können / ?

21

4) 君はビールを飲みたいですか？

du / Bier / trinken / möchten / ?

---

5) その学生たちは夏にドイツに行くつもりです。

die Studenten / im Sommer / nach Deutschland / fahren / wollen / .

---

6) 君は週末に何をするつもりですか？

was / du / am Wochenende / machen / werden / ?

---

7) あなたは医者に行かなくてはなりません。

Sie / zum Arzt / müssen / .

---

8) 明日は雪が降るそうです。

es / morgen / schneien / sollen / .

---

9) 私は時計を修理してもらいます。

ich / die Uhr / reparieren / lassen / .

---

10) その老人はだいたい 80 歳だろう。

der Alte / etwa / achtzig Jahre alt / sein / mögen / .

---

11) 彼は大学生たちが来るのが見えます。

er / die Studenten / kommen / sehen / .

---

12) 私は彼女がピアノを弾くのを聴きます。

ich / sie / Klavier / spielen / hören / .

---

13) 彼は日本語が少しできます。

er / ein bisschen / Japanisch / können / .

---

14) それを私は決して忘れないでしょう。

das / ich / nie / vergessen / werden / !

Lektion 8　Übungen

《確認編》

【Ⅰ】下線部に定冠詞を入れ，（　）内に意味を書きましょう。

《2支配の前置詞》

1) statt ＿＿＿＿＿ Freundes 男　　　（　　　　　　　　　　　　）

2) während ＿＿＿＿＿ Essens 中　　　（　　　　　　　　　　　　）

3) trotz ＿＿＿＿＿ Regens 男　　　（　　　　　　　　　　　　）

《3支配の前置詞》

4) aus ＿＿＿＿＿ Haus 中　　　（　　　　　　　　　　　　）

5) mit ＿＿＿＿＿ Bus 男　　　（　　　　　　　　　　　　）

6) nach ＿＿＿＿＿ Unterricht 男　　　（　　　　　　　　　　　　）

《4支配の前置詞》

7) für ＿＿＿＿＿ Kind 中　　　（　　　　　　　　　　　　）

8) durch ＿＿＿＿＿ Wald 男　　　（　　　　　　　　　　　　）

9) um ＿＿＿＿＿ Tisch 男　　　（　　　　　　　　　　　　）

《3・4格支配の前置詞》

10) Wo ist Peter?　　　　　—　　Er ist in ＿＿＿＿＿ Stadt 女.

　　どこにペーターはいるの？　　　　　　（　　　　　　　　　　）

11) Wohin geht Peter?　　　—　　Er geht in ＿＿＿＿＿ Stadt.

　　どこにペーター行くの？　　　　　　　（　　　　　　　　　　）

【Ⅱ】日本語と同じ意味になるように下線部に動詞の人称変化，（　）に再帰代名詞を入れましょう。

Ich　　wasche　　mich.　　　　　　私は（自分自身の）身体を洗います。

Du　　＿＿＿＿　（　　　）.　　　　君は（自分自身の）身体を洗います。

Er　　＿＿＿＿　（　　　）.　　　　彼は（自分自身の）身体を洗います。

Wir　　waschen　（　　　）.　　　　私たちは（自分自身の）身体を洗います。

Ihr　　＿＿＿＿　（　　　）.　　　　君たちは（自分自身の）身体を洗います。

Sie　　waschen　　sich.　　　　　　彼らは（自分自身の）身体を洗います。

Sie　　＿＿＿＿　（　　　）.　　　　あなた（自分自身の）身体を洗います。

《問題編》

【Ⅰ】定冠詞を格変化させましょう。(　)内の前置詞は定冠詞と融合させましょう。

1) Fährst du mit ＿＿＿＿＿ Bus 男 oder mit ＿＿＿＿＿ Bahn 女 nach Österreich?

　　　君はオーストリアにバスで行きますか，それとも電車ですか?

2) Die Kirche steht meistens (an) ＿＿＿＿＿ Marktplatz 男.

　　　教会はたいてい市場広場にあります。

3) Wir fahren mit ＿＿＿＿＿ Auto 中 bis (zu) ＿＿＿＿＿ Marktplatz und dann gehen wir

　　(in) ＿＿＿＿＿ Rathaus 中.

　　　私たちは市場広場まで車で行き，それから市庁舎に入ります。

4) (an) ＿＿＿＿＿ Mittwoch 男 beginnt das Uni-Fest.

　　Da gehe ich früh (zu) ＿＿＿＿＿ Universität 女.

　　　水曜日に大学祭が始まります。そこで私は大学に早く行きます。

5) Der Nikolaus kommt in ＿＿＿＿＿ Nacht 女 (zu) ＿＿＿＿＿ 6. Dezember 男 und bringt

　　den Kindern 複 Süßigkeiten.

　　　ニコラウスは 12 月 6 日になる夜に来て，子供たちにお菓子を持ってきます。

【Ⅱ】次の日本語をドイツ語に訳しましょう。

1) 私の弟 (男 Bruder) は私たちの子供たち (複 Kinder) と遊んでいます (spielen)。

＿＿＿＿＿＿＿＿＿＿＿＿＿＿＿＿＿＿＿＿＿＿＿＿＿＿＿＿＿＿＿＿＿＿＿＿＿

2) 私たちは一週間前から (seit einer 女 Woche) このホテル (中 Hotel) に滞在しています

　(wohnen)。

＿＿＿＿＿＿＿＿＿＿＿＿＿＿＿＿＿＿＿＿＿＿＿＿＿＿＿＿＿＿＿＿＿＿＿＿＿

3) 彼らは電車 (男 Zug) を待っています (warten auf)。

＿＿＿＿＿＿＿＿＿＿＿＿＿＿＿＿＿＿＿＿＿＿＿＿＿＿＿＿＿＿＿＿＿＿＿＿＿

4) 彼の車 (中 Auto) は, このホテル (中 Hotel) の下の駐車場 (女 Garage) にあります (stehen)。

＿＿＿＿＿＿＿＿＿＿＿＿＿＿＿＿＿＿＿＿＿＿＿＿＿＿＿＿＿＿＿＿＿＿＿＿＿

5) 寒さ (女 Kälte) にもかかわらず子供たちは外で (draußen) 遊んでいる (spielen)。

＿＿＿＿＿＿＿＿＿＿＿＿＿＿＿＿＿＿＿＿＿＿＿＿＿＿＿＿＿＿＿＿＿＿＿＿＿

6) 今日 (heute) ダニエル (Daniel) は 銀行へ (女 Bank) 行き, それから (dann) オフィス (中 Büro)
　に行きます (gehen)。

＿＿＿＿＿＿＿＿＿＿＿＿＿＿＿＿＿＿＿＿＿＿＿＿＿＿＿＿＿＿＿＿＿＿＿＿＿

7) 彼は自転車 (中 Fahrrad) で仕事 (女 Arbeit) に行きます (fahren)。

＿＿＿＿＿＿＿＿＿＿＿＿＿＿＿＿＿＿＿＿＿＿＿＿＿＿＿＿＿＿＿＿＿＿＿＿＿

【Ⅲ】再帰代名詞を入れましょう。

1) Jeden Morgen duscht ＿＿＿＿＿ Daniel. Er wäscht ＿＿＿＿＿ sein Gesicht und rasiert ＿＿＿＿＿. Nach dem Essen putzt er ＿＿＿＿＿ die Zähne.

　　毎朝ダニエルはシャワーを浴びます。彼は自分の顔を洗い，髭をそります。食後彼は歯を磨きます。

2) Nach dem Abendessen nehme ich ein Bad und wasche ＿＿＿＿＿.

　　夕食後には私はお風呂に入り，体を洗います。

3) Maria kämmt ＿＿＿＿＿ vor dem Spiegel.

　　マリアは鏡の前で髪をとかします。

4) Wann treffen wir ＿＿＿＿＿ morgen?

　　私たちは明日何時に会いましょうか？

5) Fühlst du ＿＿＿＿＿ nicht wohl?

　　君は気分が悪くないの？

6) Heute kaufe ich ＿＿＿＿＿ unbedingt einen Computer.

　　今日私は必ず（自分自身に）コンピュータを一台買います。

【Ⅳ】以下の語を並べ替えて文を作りましょう。動詞は適切な形に変えましょう。

1) 私たちは浜辺での休養を楽しみにしています。

　　den Urlaub / wir / am Meer / auf / uns / freuen / .

＿＿＿＿＿＿＿＿＿＿＿＿＿＿＿＿＿＿＿＿＿＿＿＿＿＿＿

2) ドーリスはこのプロジェクトに関心がありますか？

　　interessieren / Doris / sich / für / das Projekt / ?

＿＿＿＿＿＿＿＿＿＿＿＿＿＿＿＿＿＿＿＿＿＿＿＿＿＿＿

3) 私は子供の頃をよく覚えています。

　　gut / ich / erinnern / Kindheit / mich / an / meine / .

＿＿＿＿＿＿＿＿＿＿＿＿＿＿＿＿＿＿＿＿＿＿＿＿＿＿＿

4) 私の父はいつも私のことで腹を立てています。

　　mein Vater / sich / immer / über / mich / ärgern / .

＿＿＿＿＿＿＿＿＿＿＿＿＿＿＿＿＿＿＿＿＿＿＿＿＿＿＿

5) その子供はプレゼントを喜んでいます。

　　das Kind / sich / über / das Geschenk / freuen / .

＿＿＿＿＿＿＿＿＿＿＿＿＿＿＿＿＿＿＿＿＿＿＿＿＿＿＿

6) 君はよく風邪を引きますか？

　　erkälten / du / oft / dich / ?

＿＿＿＿＿＿＿＿＿＿＿＿＿＿＿＿＿＿＿＿＿＿＿＿＿＿＿

Lektion 9　Übungen

《確認編》

【Ⅰ】動詞を変化させて，表を完成させましょう。（　　）内に意味も書きましょう。

1) ab|fahren　（　　　　　　　　　　）

Ich	....	um 8 Uhr ....
Du	....	um 8 Uhr ....
Er	....	um 8 Uhr ....
Wir	....	um 8 Uhr ....
Ihr	....	um 8 Uhr ....
Sie	....	um 8 Uhr ....
Sie	....	um 8 Uhr ....

2) an|kommen　（　　　　　　　　　　）

Ich	....	in der Stadt ....
Du	....	in der Stadt ....
Er	....	in der Stadt ....
Wir	....	in der Stadt ....
Ihr	....	in der Stadt ....
Sie	....	in der Stadt ....
Sie	....	in der Stadt ....

3) vor|haben　（　　　　　　　　　　）

Ich	...., im Sommer nach Deutschland zu fahren.
Du	...., im Sommer nach Deutschland zu fahren.
Er	...., im Sommer nach Deutschland zu fahren.
Wir	...., im Sommer nach Deutschland zu fahren.
Ihr	...., im Sommer nach Deutschland zu fahren.
Sie	...., im Sommer nach Deutschland zu fahren.
Sie	...., im Sommer nach Deutschland zu fahren.

【Ⅱ】従属の接続詞の意味を書きましょう。

weil	（　　　　）	dass	（　　　　）	ob	（　　　　）
wenn	（　　　　）	als	（　　　　）	obwohl	（　　　　）
da	（　　　　）	nachdem	（　　　　）	während	（　　　　）

《問題編》

【Ⅰ】(　　)内の分離動詞・非分離動詞を現在人称変化させましょう。

1) Der Bus _____ um 3 Uhr _____.　　　　　　(ab|fahren)

　　そのバスは3時に出発します。

2) Die U-Bahn _____ um 14.10 Uhr _____.　　(an|kommen)

　　地下鉄は14時10分に到着します。

3) _____ Sie die Stadt?　　　　　　　　　　　　　(besuchen)

　　あなたはその街を訪ねますか？

4) _____ Sie mich morgen _____?　　　　(an|rufen)

5) Der Sprachkurs _____ in Berlin _____.　　(statt|finden)

　　その語学コースはベルリンで行われます。

6) Die Fotos _____ mir.　　　　　　　　　　　　(gefallen)

　　それらの写真を私は気に入っています。

7) Was _____ du am Wochenende _____?　　(vor|haben)

　　君は週末に何をする予定ですか？

8) Wann _____ die Oper?　　　　　　　　　　　　(beginnen)

　　オペラはいつ始まりますか？

9) _____ Peter an dem Ausflug _____?　　(teil|nehmen)

　　ペーターはそのハイキングに参加しますか？

10) _____ ihr Deutsch?　　　　　　　　　　　　(verstehen)

　　君たちはドイツ語が分かりますか？

11) Sie _____ das Fenster _____.　　　　(auf|machen)

　　彼女はその窓を開けます。

12) Wir _____ gern _____.　　　　　　　(fern|sehen)

　　私たちはテレビを見るのが好きです。

【Ⅱ】従属の接続詞を補いましょう。

1) (　　　　　　　) ich keine Zeit habe, kann ich nicht ins Kino gehen.

　　私は時間がないので，映画を見に行けません。

2) Wisst ihr, (　　　　　　　) er aus China kommt?

　　君たちは彼が中国出身だということを知っていますか？

3) Wissen Sie, (　　　　　　　) er jetzt in Tokyo ist?

　　あなたは彼が今東京にいるかどうか知っていますか？

4) Er war drei Jahre alt, (　　　　　　　) er mit der Familie nach Paris gefahren ist.

　　家族と一緒にパリに行った時，彼は3歳でした。

5) (　　　　　　　) ich München besucht hatte, bin ich nach Wien gefahren.

　　　私はミュンヘンを訪ねたあと，ウィーンへ行きました。

6) (　　　　　　　) er noch klein ist, versteht er alles.

　　　彼はまだ幼いけれども，すべてを分かっている。

7) Wir fahren morgen ans Meer, (　　　　　　　) das Wetter schön ist.

　　　明日天気が良ければ，私たちは海へ行きます。

【Ⅲ】従属の接続詞を補い，2 つの文をひとつにしましょう。

1) 彼女は宿題があるので，今日は来ません。

　　Sie kommt heute nicht.　　Sie hat Hausaufgaben.

　　--

2) あなたは彼らが今，日本にいるかどうかご存じですか？

　　Wissen Sie?　　Sie sind jetzt in Japan.

　　--

3) 私は彼が明日ミュンヘンに行くということを知っている。

　　Ich weiß.　　Er fährt morgen nach München.

　　--

【Ⅳ】(　) の語句を zu 不定詞句にして文を完成させましょう。

1) 私はドイツへ行き（nach Deutschland fahren）たいと思っています。

　　Ich habe Lust, _____.

2) その少年は英語を学ぶ（Englisch lernen）ためにロンドンへ行きます。

　　Der Junge fährt nach London, _____.

3) 私たちはヨーロッパに行く（nach Europa fliegen）予定です。

　　Wir haben vor, _____.

4) 君たちは私たちを手助けする（helfen）時間がありますか？

　　Habt ihr Zeit, _____?

5) ハイデルベルクで学ぶことが（in Heidelberg studieren）彼女の夢です。

　　_____ ist ihr Traum.

Lektion 10　Übungen

【確認編】

【Ⅰ】次の動詞の意味を（　　）に，過去基本形と過去分詞形を下線部に書きましょう。

不定形	意味	過去基本形	過去分詞
1) machen	（　　　　）	....	....
2) spielen	（　　　　）	....	....
3) lernen	（　　　　）	....	....
4) fahren	（　　　　）	....	....
5) schreiben	（　　　　）	....	....
6) essen	（　　　　）	....	....
7) lesen	（　　　　）	....	....
8) trinken	（　　　　）	....	....
9) gehen	（　　　　）	....	....
10) treffen	（　　　　）	....	....

【Ⅱ】過去人称変化を書きましょう。

1)

spielen ⇨　過去基本形	
ich　私は	wir　私たちは
du　君は	ihr　君たちは
er　彼は / sie　彼女は / es　それは	sie　彼らは
Sie　あなたは，あなた方は	

2)

fahren ⇨　過去基本形	
ich　私は	wir　私たちは
du　君は	ihr　君たちは
er　彼は / sie　彼女は / es　それは	sie　彼らは
Sie　あなたは，あなた方は	

【Ⅲ】現在完了形に人称変化させましょう。

1) gehen

Ich	bin	ins Kino	gegangen .
Du	_____	ins Kino	_____ .
Er	_____	ins Kino	_____ .
Wir	_____	ins Kino	_____ .
Ihr	_____	ins Kino	_____ .
Sie	_____	ins Kino	_____ .
Sie	_____	ins Kino	_____ .

2) trinken

Ich	habe	Bier	getrunken .
Du	_____	Bier	_____ .
Er	_____	Bier	_____ .
Wir	_____	Bier	_____ .
Ihr	_____	Bier	_____ .
Sie	_____	Bier	_____ .
Sie	_____	Bier	_____ .

《問題編》

【Ⅰ】現在完了形の助動詞 sein もしくは haben を正しい形にして入れましょう。

1) Peter _____ mit dem Auto nach Spanien gefahren.

　　ペーターは車でスペインに行きました。

2) _____ du Boris gesagt, dass wir das Referat schon geschrieben _____ ?

　　君はボーリスにもう僕たちがレポートを書いたことを言いましたか？

3) Gestern _____ wir ins Kino gegangen und danach _____ wir Pizza gegessen.

　　昨日私たちは映画を見に行き，その後ピザを食べました。

4) _____ Sie schon einmal Venedig besucht?

　　あなたは一度ベニスを訪れたことがありますか？

5) _____ ihr schon das Buch gelesen?

　　君たちはもうこの本を読みましたか？

6) Was _____ ihr gemacht? — Petra _____ eine E-Mail geschrieben und ich _____ Deutsch gelernt.

　　君たちは何をしましたか？－ペートラはメールを書き，私はドイツ語を勉強しました。

【Ⅱ】( )内の話法の助動詞または動詞を過去形にして入れましょう。

1) Was _____ Monika als Kind werden?　　　　　　　　　　(wollen)

　　モニカは子供の頃何になりたかったのですか？

　— Sie _____ Schauspielerin werden.

　　彼女は女優になりたかったです。

2) _____ du gestern früh ins Bett gehen?　　　　　　　　(können)

　　昨日早くベッドに入ることができましたか？

　— Nein, ich _____ meine Hausaufgaben machen.　　　　(müssen)

　　いいえ，私は宿題をしなければいけませんでした。

3) Wo _____ ihr gestern?　　　　　　　　　　　　　　　(sein)

　　君たちは昨日どこにいましたか？

　— Wir _____ in einem Lokal.

　　私たちは飲み屋にいました。

4) _____ Sie viel Spaß?　　　　　　　　　　　　　　　(haben)

　　楽しかったですか？

　— Ja, das Spiel _____ sehr interessant.　　　　　　　(sein)

　　はい，そのゲームはとても楽しかったです。

5) Stefan _____ wieder gesund (werden) und _____ mitkommen.

　　シュテファンはまた元気になり，一緒に行くことができました。　　　　(können)

6) _____ Klaus als Kind lange Computerspiele spielen?　　(dürfen)

　　クラウスは子供の時に長時間コンピュータゲームをしてもよかったですか？

【Ⅲ】次の文の下線部に現在完了形の助動詞を，下線部に過去分詞を入れて文を作りましょう。

1) Was _____ Sie gestern _____?　　　　　(machen)

　　あなたは昨日何をしましたか？

2) Wo _____ du Deutsch _____?　　　　　(lernen)

　　君はどこでドイツ語を勉強しましたか？

3) Bettina und Petra _____ gestern Tennis _____.　(spielen)

　　ベティーナとペートラは昨日テニスをしました。

4) Wie viel _____ der Computer _____?　　(kosten)

　　このコンピュータはいくらでしたか？

5) Thomas _____ in der Bibliothek Daniel _____.　(treffen)

　　トーマスは図書館でダニエルに会いました。

6) _____ Sie gestern gut _____?　　　　　(schlafen)

　　昨日はよく寝られましたか？

7) _____ ihr schon das Buch _____?   (lesen)

君たちはもうこの本を読みましたか？

8) Am Nachmittag _____ Monika zu mir _____.   (kommen)

午後にモニカは私のところに訪ねてきました。

9) Wir _____ am Sonntag Fahrrad _____.   (fahren)

私たちは日曜日に自転車に乗りました。

【Ⅳ】以下の語を並べ替えて，完了の助動詞を補い，現在完了形の文を作りましょう。

1) 君は週末に何をしましたか？

was / du / am Wochenende / machen / ?

----

2) あなたはどのくらい仕事をしましたか？

wie lange / Sie / arbeiten / ?

----

3) 彼らは飛行機で東京に行きました。

mit dem Flugzeug / sie / nach Tokyo / fliegen / .

----

4) 君はもうお昼を食べましたか？

du / schon / zu Mittag / essen / ?

----

5) 私たちは昨日家にいました。

wir / gestern / zu Hause / bleiben / .

----

6) (君は) ベルリンはどうだったの？

wie / es / dir / in Berlin / gefallen / ?

Lektion 11　Übungen

《確認編》

【Ⅰ】次の動詞の意味を（　）に，過去基本形と過去分詞形を下線部に書きましょう。

不定形	意味	過去基本形	過去分詞
1) fotografieren	（　　　　）		
2) gefallen	（　　　　）		
3) auf|stehen	（　　　　）		
4) zurück|kommen	（　　　　）		
5) vor|haben	（　　　　）		
6) gehören	（　　　　）		
7) beginnen	（　　　　）		
8) statt|finden	（　　　　）		
9) besuchen	（　　　　）		
10) an|rufen	（　　　　）		

【Ⅱ】過去人称変化を書きましょう。

1)

an|rufen　⇨　過去基本形	
ich　私は	wir　私たちは
du　君は	ihr　君たちは
er　彼は / sie　彼女は / es　それは	sie　彼らは
Sie　あなたは，あなた方は	

2)

auf|stehen　⇨　過去基本形	
ich　私は	wir　私たちは
du　君は	ihr　君たちは
er　彼は / sie　彼女は / es　それは	sie　彼らは
Sie　あなたは，あなた方は	

33

【Ⅲ】現在完了形に人称変化させましょう。(　　)に意味も書きましょう。

1) ab|fahren（　　　　）

Ich	bin	um 8 Uhr	abgefahren	.
Du		um 8 Uhr		.
Er		um 8 Uhr		.
Wir		um 8 Uhr		.
Ihr		um 8 Uhr		.
Sie		um 8 Uhr		.
Sie		um 8 Uhr		.

2) verstehen（　　　　）

Ich	habe	ein bisschen Deutsch	verstanden	.
Du		ein bisschen Deutsch		.
Er		ein bisschen Deutsch		.
Wir		ein bisschen Deutsch		.
Ihr		ein bisschen Deutsch		.
Sie		ein bisschen Deutsch		.
Sie		ein bisschen Deutsch		.

【Ⅳ】指示に従って，下線部に語を補いましょう。(　　)内に意味を書きましょう。

1) 受動態の人称変化（現在形）　loben ほめる　⇨　gelobt werden（　　　　　　　　　）

Ich	werde	vom Lehrer	gelobt	.
Du		vom Lehrer		.
Er		vom Lehrer		.
Wir		vom Lehrer		.
Ihr		vom Lehrer		.
Sie		vom Lehrer		.
Sie		vom Lehrer		.

2) 受動態の人称変化（過去形）　loben ほめる　⇨　gelobt wurde（　　　　　　　　　）

Ich	wurde	vom Lehrer	gelobt	.
Du		vom Lehrer		.
Er		vom Lehrer		.
Wir		vom Lehrer		.
Ihr		vom Lehrer		.
Sie		vom Lehrer		.
Sie		vom Lehrer		.

3) 受動態の人称変化（現在完了形）　　loben ほめる ⇨ gelobt worden sein （　　　　　　　　　）

Ich	bin	vom Lehrer	gelobt	worden	.
Du		vom Lehrer			.
Er		vom Lehrer			.
Wir		vom Lehrer			.
Ihr		vom Lehrer			.
Sie		vom Lehrer			.
Sie		vom Lehrer			.

《問題編》

【Ⅰ】（　）内の指示に従い，文を書きかえましょう。

1) Ich kaufe einen Kasten Mineralwasser ein.

　　私はミネラルウォーター1ケースを買います。（過去形で）

----

2) Rufen Sie mich an?

　　私に電話してくださいますか？（現在完了形で）

----

3) Er studiert Geschichte.

　　彼は歴史を大学で勉強します。（過去形で）

----

4) Der Zug fährt um 12 Uhr ab.

　　その列車は12時出発します。（現在完了形で）

----

5) Wir kommen gegen 16 Uhr zurück.

　　私たちは16時頃に戻ります。（過去形で）

----

6) Das Auto gehört meinem Bruder.

　　その車は私の兄のものです。（現在完了形で）

----

7) Anna steht heute morgen um halb sieben auf.

　　アンナ今日朝6時半に起きます。（現在完了形で）

----

8) Wir sehen lange fern.

　　私たちは長時間テレビを見ます。（現在完了形で）

【Ⅱ】次の文の下線部に現在完了形の助動詞を，下線部に過去分詞を入れて文を作りましょう。

1) Er _____ gestern seine Großeltern _____. (besuchen)

　　彼は昨日祖父母を訪ねました。

2) Wann _____ Sie mit dem Lehrer _____? (telefonieren)

　　あなたはいつ先生と電話しましたか？

3) Wann _____ du heute _____? (auf|stehen)

　　君は今日何時に起きましたか？

4) Ich _____ _____, Französisch zu lernen. (beginnen)

　　私はフランス語を学び始めました。

5) Wir _____ an dem Sommerkurs _____. (teil|nehmen)

　　私たちはその夏期コースに参加しました。

6) Das Konzert _____ in Berlin _____. (statt|finden)

　　そのコンサートはベルリンで行われました。

7) Wir _____ um 8 Uhr in Bonn _____. (an|kommen)

　　私たちは8時にボンに到着しました。

8) Sie _____ das Schloss _____. (besichtigen)

　　彼らはその城を見物しました。

【Ⅲ】受動態に書き換えましょう。

1) Viele Touristen besuchen den Tokyo Skytree.

　　多くの旅行者たちが東京スカイツリーを訪れます。

----

2) Kafka schrieb diesen Roman.

　　カフカはその小説を書きました。

----

3) Man spricht in Österreich Deutsch.

　　オーストリアではドイツ語を話します。

----

4) Er hat das Lied gesungen.

　　彼はその歌を歌いました。

----

5) Akiko fand den Hund.

　　アキコはその犬を見つけました。

----

6) In Deutschland fährt man rechts.

ドイツでは右側通行です。

7) Ein Hund hat den Briefträger gebissen.

一匹の犬がその郵便配達員をかみました。

8) Mozart komponierte das Lied.

モーツァルトはその歌曲を作曲しました。

9) Michael ruft Anna an.

ミヒャエルはアンナに電話します。

10) Yuka hat Naoko angerufen.

ユカはナオコに電話しました。

11) Peter hat die Sachertorte gebacken.

ペーターはそのザッハートルテを焼きました。

12) Der Taifun zerstörte die Brücke.

台風が橋を破壊しました。

13) Man isst in Japan gern Fisch.

日本では好んで魚を食べます。

14) Er repariert das Fahrrad.

彼はその自転車を修理します。

15) Der Schriftsteller schreibt ein Buch.

その作家は一冊の本を書きます。

Lektion 12　Übungen

《確認編》

【Ⅰ】教科書（74頁）の表にならって，形容詞の変化を1格から4格まで書きましょう。

1)「形容詞＋名詞」タイプ

	緑茶	新鮮なミルク	よいワイン
1格	grün　Tee 男	frisch　Milch 女	gut　Weine 複
2格			
3格			
4格			

2)「定冠詞（類）＋形容詞＋名詞」タイプ

	その大きな机	その美しい女性	その長い休暇
1格	der groß Tisch 男	die schön Frau 女	die lang Ferien 複
2格			
3格			
4格			

3)「不定冠詞（類）＋形容詞＋名詞」タイプ

	一匹の大きな犬	一匹の黒ネコ	一軒の小さな家
1格	ein groß Hund 男	eine schwarz Katze 女	ein klein Haus 中
2格			
3格			
4格			

【Ⅱ】「比較級」，「最上級」を書きましょう。（　）には意味を書きましょう。

	意味	比較級	最上級
fleißig	（　　　　）		
schön	（　　　　）		
schnell	（　　　　）		
alt	（　　　　）		
gut	（　　　　）		
gern	（　　　　）		
hoch	（　　　　）		

《問題編》

【Ⅰ】次の文の形容詞の語尾を補いましょう。

1) Die fleißig_____ Studentin kauft ein dick_____ Wörterbuch 中.

    その勤勉な女学生は一冊の分厚い辞書を買います。

2) Mein klein_____ Sohn schreibt einen Brief an seine krank_____ Großmutter.

    私の幼い息子は病気の祖母に手紙を一通書きます。

3) Wem gehört das neu_____ Fahrrad 中?

    その新しい自転車は誰のものですか。

4) Ich möchte einen warm_____ Mantel 男 kaufen.

    私は温かいコートを一着買いたい。

5) Meine lustig_____ Tante 女 wohnt in einem klein_____ Dorf 中.

    私の愉快な叔母はある小さな村に住んでいます。

【Ⅱ】(　　　)内の形容詞を比較級または最上級にして入れましょう。

1) Peter rechnet viel _____ (schnell) als ich.

    ペーターは私よりもはるかに計算が速いです。

2) Maria kocht _____ (gut) als ich.

    マリアは私より上手に料理をします。

3) Wir trinken _____ (gern) Kaffee als Tee.

    私たちはお茶よりコーヒーを好んで飲みます。

4) Der Everest ist am _____ (hoch) in der Welt.

    エベレストは世界で一番高い山です。

5) Mein Großvater trinkt am _____ (gern) Wein.

    祖父は一番ワインが好きです。

6) Julia ist die _____ (fleißig) in der Klasse.

    ユリアはクラスで一番勤勉です。

7) Der Winter in Japan ist _____ (warm) als in Deutschland.

    日本の冬はドイツより温かいです。

8) Der Film war viel _____ (gut), als wir erwartet haben.

    その映画は私たちが期待したよりもはるかに良かったです。

【Ⅲ】2 番目の文を関係文にして，1 つの文に書きかえましょう。

1) Ich habe einen Freund. Der Freund kommt aus der Schweiz.

私には友達が一人います。その友達はスイス出身です。

2) Er besucht seine Freundin. Die Freundin spielt sehr gut Klavier.

彼はガールフレンドを訪問します。そのガールフレンドはとても上手にピアノを弾きます。

3) Der Mann ist mein Onkel. Sie spielt dort mit dem Mann Tennis.

その男性は私の叔父です。彼女はそこでその男性とテニスをしています。

4) Ich liebe das Dorf. Ich bin in dem Dorf geboren.

私はその村を愛しています。私はその村で生まれました。

5) Kennen Sie die Studenten? Die Studenten arbeiten da am Computer.

あなたはあの大学生たちを知っていますか？ その大学生たちはあそこでコンピュータに向かって作業しています。

6) Dort ist die Studentin. Die Mutter der Studentin ist Ärztin.

そこに女子学生がいます。その女子学生の母親は医師です。

7) Wie heißt die Frau? Die Frau tanzt dort.

この女性は何という名前ですか。その女性はそこで踊っています。

8) Ich lese den Roman. Er hat mir den Roman geschenkt.

私は小説を読む。彼が私にその小説を贈ってくれた。

ゲナウ！レーゼン　ノイ
別冊　練習問題

新倉真矢子／亀ヶ谷昌秀

正木晶子／中野有希子　共著

発行所　第三書房
〒162-0801　東京都新宿区山吹町 363
Tel.(03)3267-8531 / Fax.(03)3267-8606

Island

Schweden

Finnland

Norwegen

Estland

Lettland

Russland

Litauen

Russland

Irland

Dänemark

Weißrussland

Vereinigtes
Königreich

Niederlande

Polen

Belgien

Deutschland

Ukraine

Luxemburg

Tschechien

Liechtenstein

Slowakei

Molda-
wien

Frankreich

Schweiz

Österreich

Ungarn

Slowenien

Rumänien

Kroatien

San
Marino

Bosnien u.
Herzego-
wina

Serbien

Portugal

Andorra

Monaco

Italien

Spanien

Kosovo

Bulgarien

Vatikanstadt

Monte-
negro

Maze-
donien

Albanien

Türkei

Griechenland

Marokko

Algerien

Tunesien

Malta

Zypern

EU 加盟国と首都（EU=Europäische Union 欧州連合）

Belgien	ベルギー ブリュッセル	Griechenland	ギリシャ アテネ	Malta	マルタ バレッタ	Slowakei	スロバキア ブラチスラバ
Bulgarien	ブルガリア ソフィア	Irland	アイルランド ダブリン	Niederlande	オランダ アムステルダム	Slowenien	スロベニア リュブリャナ
Dänemark	デンマーク コペンハーゲン	Italien	イタリア ローマ	Österreich	オーストリア ウィーン	Spanien	スペイン マドリード
Deutschland	ドイツ ベルリン	Kroatien	クロアチア ザグレブ	Polen	ポーランド ワルシャワ	Tschechien	チェコ プラハ
Estland	エストニア タリン	Lettland	ラトビア リガ	Portugal	ポルトガル リスボン	Ungarn	ハンガリー ブダペスト
Finnland	フィンランド ヘルシンキ	Litauen	リトアニア ヴィリニュス	Rumänien	ルーマニア ブカレスト	Zypern	キプロス ニコシア
Frankreich	フランス パリ	Luxemburg	ルクセンブルク ルクセンブルク	Schweden	スウェーデン ストックホルム		

国名は通称 2020/10 月現在

Genau!

Lesen

neu

Mayako Niikura
Masahide Kamegaya
Akiko Masaki
Yukiko Nakano

Daisan Shobo

───── ★ 本書の音声データ（ダウンロード式）★ ─────

下記 URL または QR コードより日本語書名で
検索し，ご利用ください。
https://www.daisan-shobo.co.jp
※同じ内容の音声を収録した CD 2 枚組(本体 1,500 円)
　を販売しています。
収　　録　🎧 印のある箇所。マークに付いている数字は，
　　　　　　トラック番号に対応しています。
吹込者　Rita Briel
　　　　Matthias Wittig

装丁：飯箸薫

本文イラスト：酒井うらら

はじめに（改訂に際して）

　本書「ゲナウ！レーゼン」は，先に刊行された「ゲナウ！」シリーズ（「ゲナウ！コミュニケーションのドイツ語 ノイ」，「ゲナウ！グラマティック」）と同様にコミュニケーション能力を身につけることを目標に，コミュニカティブな要素をできるだけ取り入れた教科書です。そのため，ドイツ語圏の食べ物や家族，職業など身近なテーマを扱い，初級者にできるだけわかりやすい内容の読み物を選びました。他のゲナウシリーズと異なり，「ゲナウ！レーゼン」では到達目標を「読みとる力」としています。読む力を養うためには文法の知識も必要なので，各課は文法の説明で始まり，パートナーとの会話練習やドイツ語圏の紹介などを経て読解に入るように組み立てられています。

　改訂に際し，教科書の内容をデジタル化し，オンライン授業用の教材としても使えるようにしました。音声は画面上で再生することができ，説明のために文字を書き込むこともできます。

各課冒頭
各課のはじめに，テーマと文法事項を見出しに挙げ，どのようなことを学ぶかを示しました。

文法の知識
文法は各課 2 ページにまとめ，文法事項の説明の間に簡単な確認問題をはさみました。練習問題を通して文法事項が理解できたかをその都度確認します。

会話練習とドイツ語圏の情報
隣の人と行う会話練習では，Lesen の負担を多少なりとも軽くするために，その課のテーマや文法事項に関連する語彙を使用しています。ドイツ語圏の情報では，ドイツ，スイス，オーストリアの地誌や文化について触れています。

発音
今回の改訂では，新たに発音のコーナーを設けました。ドイツ語の文字の読み方や注意すべき発音について各課ごとに 1 テーマずつ取り上げています。多様な発音練習や聞き取り練習を通してドイツ語の発音への理解を深めます。

Lesen
広告文や説明文，料理のレシピ，日記，物語といったテキストを選びました。データや地図から必要な情報を抜き出したり，テキストの内容に一致する絵を選択したり，大まかな・詳細な内容が理解できることをめざしています。

別冊単語集
辞書に準ずるような単語リストや動詞の人称変化表をつけました。基礎語から作られた場合は，つながりが分かるようにまとめられています。

別冊文法練習問題集
改訂に際し，文法知識の定着をめざすため，練習問題をより充実させて別冊にまとめました。

2022 年春　　著者一同

Inhalt

目 次

Das Alphabet

アルファベット

A a	𝒜 𝒶	[aː]	Q q	𝒬 𝓆	[kuː]
B b	ℬ 𝒷	[beː]	R r	ℛ 𝓇	[ɛr]
C c	𝒞 𝒸	[tseː]	S s	𝒮 𝓈	[ɛs]
D d	𝒟 𝒹	[deː]	T t	𝒯 𝓉	[teː]
E e	ℰ 𝑒	[eː]	U u	𝒰 𝓊	[uː]
F f	ℱ 𝒻	[ɛf]	V v	𝒱 𝓋	[fau]
G g	𝒢 𝑔	[geː]	W w	𝒲 𝓌	[veː]
H h	ℋ 𝒽	[haː]	X x	𝒳 𝓍	[ɪks]
I i	ℐ 𝒾	[iː]	Y y	𝒴 𝓎	[ýpsilɔn]
J j	𝒥 𝒿	[jɔt]	Z z	𝒵 𝓏	[tsɛt]
K k	𝒦 𝓀	[kaː]			
L l	ℒ 𝓁	[ɛl]	Ä ä	𝒜̈ 𝒶̈	[ɛː]
M m	ℳ 𝓂	[ɛm]	Ö ö	𝒪̈ 𝑜̈	[øː]
N n	𝒩 𝓃	[ɛn]	Ü ü	𝒰̈ 𝓊̈	[yː]
O o	𝒪 𝑜	[oː]			
P p	𝒫 𝓅	[peː]	ß	𝛽	[ɛs-tsét]

変母音
(Umlaut)

ドイツ語の発音

Ⅰ．母音

ドイツ語の母音には 5 つのアルファベットがあり，1 つの文字に音が 2 つずつ対応します。

102

A	E	I	O	U
[a:] [a]	[e:] [ɛ]	[i:] [ɪ]	[o:] [ɔ]	[u:] [ʊ]

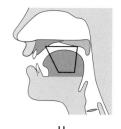

A　日本語の「ア」よりも口を大きく開けて発音しましょう。
　　[a:]　**Bahn**　電車　　　[a]　**Bank**　銀行

E　日本語の「エ」よりも少し口を狭めて [e:] にし，少し広げて
　　[ɛ] と発音しましょう。
　　[e:]　**Beet**　花壇　　　[ɛ]　**Bett**　ベット

I　日本語の「イ」よりも唇を横に引いて発音しましょう。
　　[i:]　**Miete**　家賃　　　[ɪ]　**Mitte**　中心

O　日本語の「オ」よりも唇を丸めて発音しましょう。
　　[o:]　**Ofen**　オーブン　　　[ɔ]　**offen**　開いている

U　日本語の「ウ」よりも口をとがらせ，舌を奥の方に引きましょう。
　　[u:]　**Huhn**　雄鶏　　　[ʊ]　**Hund**　犬

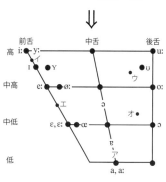

Ⅱ．Umlaut 変母音

ドイツ語には 3 つの変母音があります。

103

Ä	Ö	Ü
[ɛ:] [ɛ]	[ø:] [œ]	[y:] [ʏ]

Ä　日本語の「エ」より口をやや開き加減で発音します。
　　[ɛ:]　**Käse**　チーズ　　　[ɛ]　**Kälte**　寒さ

Ö　舌は [e] の位置を保ったまま，唇だけ [o] を言うときのように丸めましょう。
　　[ø:]　**Öl**　油　　　[œ]　**Köln**　ケルン

Ü　舌は [i] の位置を保ったまま，唇だけ [u] を言うときのように突き出しましょう。
　　[y:]　**müde**　疲れた　　　[ʏ]　**Hütte**　小屋

簡単な会話（1）

104

Danke schön!　Bitte schön!　　　Hallo!　Hallo!　　　Tschüs!　Tschüs!

🎧 105 練習

o:ö	offen	開いている	— öffnen	開ける	Ofen	オーブン	— Öfen	オーブン (pl)
e:ö	kennen	知る	— können	出来る	lesen	読む	— lösen	解く
u:ü	Mutter	母	— Mütter	母 (pl)	Kuh	雌牛	— kühl	冷たい
i:ü	Kiste	箱	— Küste	海岸	Tier	動物	— Tür	ドア

III. 二重母音

母音が２つ連続すると特別な読み方になります。

🎧 106

ai, ay, ei	[aɪ]	Mai	5月	Bayern	バイエルン (州)	Eis	アイスクリーム
au	[aʊ]	Baum	木	Haus	家		
eu, äu	[ɔɪ]	neu	新しい	heute	今日	Bäume	木 (pl)
ie	[iː]	Bier	ビール	Miete	家賃		
	[iə]	アクセントがない場合：					
		Familie	家族	Italien	イタリア		

> 簡単な会話 (2) **出身はどこですか？**
> 🎧 107
> Woher kommen Sie?
> Ich komme aus Deutschland ドイツ / Österreich オーストリア /
> der Schweiz スイス / Italien イタリア / Belgien ベルギー.

IV. 読み方に注意が必要な子音

🎧 108

s	[z]	Sommer	夏	Sonne	太陽
（語末で）	[s]	Haus	家	Gast	客
ss, ß	[s]	essen	食べる	Fuß	足
sch	[ʃ]	Schule	学校	schön	美しい
tsch	[tʃ]	Deutsch	ドイツ語	Tschüs	バイバイ
st （語頭で）	[ʃt]	Stadt	街	Straße	通り
sp （語頭で）	[ʃp]	Sport	スポーツ	Spiel	遊び

ch　　a, o, u, au の後は [x]

| | | Bach | 小川 | hoch | 高い |
| | | Buch | 本 | auch | ～もまた |

その他 (i, e, ö, ü, 子音の後, 語頭) は [ç]

		ich	私	echt	本当に
		Bücher	本 (pl)	möchten	…がしたい
		Milch	牛乳	China	中国

| chs, x | [ks] | sechs | 6 | Taxi | タクシー |
| w | [v] | Wagen | 車 | Wein | ワイン |

j	[j]	Japan	日本	ja	はい
v	[f]	viel	たくさんの	[v]（外来語で）Violine	バイオリン
ds,ts,tz,z	[ts]	abends 毎晩	nichts なにも～ない	Katze 猫	Zoo 動物園
l [l] – r [ʁ]		blau 青 — braun 茶色		leben 生きる — reden 話す	

語末で：

-ig	[ɪç]	billig	安い	zwanzig	20
-er	[ɐ]	Lehrer	教師	aber	しかし
-r	[ɐ]	Bier	ビール	Uhr	時計

b, d, g は語末で [p], [t], [k]

		halb	半分	gelb	黄色
		Land	国	Hand	手
		Tag	日	Weg	道

簡単な会話（3）

Guten Morgen!　　Guten Tag!　　Guten Abend!　　Gute Nacht!

109

V．アクセントのある母音の長短

短母音	母音＋子音 2 個以上	alt　fast
長母音	母音＋子音 1 個	Tag　Leben
	母音＋ h	Zahl　gehen
	母音の重複	Boot　Tee

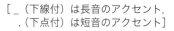
110

［ _（下線付）は長音のアクセント，
　.（下点付）は短音のアクセント］

＊母音のあとの子音が 1 つなら長母音，2 つ以上なら短母音。（ただし，例外が多い）。

＊アクセントのある母音は，はっきり発音しましょう。

＊アクセントがない母音は原則として短母音です。

簡単な会話（4）

111

Wie geht es Ihnen? ↘　　　　Danke →, gut. ↘ Und Ihnen? ↗

Danke →, auch gut. ↘

Wie geht's? ↘　　　　　　　Danke →, gut. ↘ Und dir? ↗

Danke →, auch gut. ↘

Lektion 1

Thema	自己紹介
Grammatik	動詞の現在人称変化（Ⅰ）

Ⅰ 動詞の現在人称変化

ドイツ語の動詞は，語幹と語尾からできています。kommen, wohnen のように -en で終わる形を**不定形**（不定詞）と言います。

wohnen：wohn（語幹）**＋ en**（語尾）

ドイツ語の動詞は，主語によって語尾が変化（人称変化）します。

112

不定形 **wohnen** 住む			
ich 私は	**wohne**	wir 私たちは	**wohnen**
du 君は	**wohnst**	ihr 君たちは	**wohnt**
er 彼は / sie 彼女は / es それは	**wohnt**	sie 彼らは	**wohnen**
Sie あなたは，あなた方は		**wohnen**	

※主語によって人称変化した動詞を，「**定形／定動詞**」と呼びます。

Wo wohnen Sie? — Ich wohne in Berlin.
どちらにお住まいですか？　　私はベルリンに住んでいます。

★ du（親称）と Sie（敬称）
英語の *you* にあたる表現は，ドイツ語では
Sie（あなたは／あなた方は），du（君は），
ihr（君たちは）の3つがあり，相手との関係で使い分けます。

> *you* $\lessgtr$ Sie あなたは・あなた方は
> du 君は / ihr 君たちは

★ 注意が必要な動詞
heißen（～という名前である）や reisen（旅行する），tanzen（踊る）のように語幹が [s], [z], [ts] で終わる動詞は，du が主語の時，heißt, reist, tanzt のように，語尾は -st ではなく，-t となります。

Übung1 （　）内の動詞を正しい形にして空欄に入れましょう。

1) Er ＿＿＿＿＿＿＿ jetzt in Bonn.　（*wohnen*）　彼は今，ボンに住んでいます。

2) Was ＿＿＿＿＿＿＿ du?　（*studieren*）　君は何を専攻していますか？

　 — Ich ＿＿＿＿＿＿＿ Jura.　（*studieren*）　私は法学を専攻しています。

3) Wie ＿＿＿＿＿＿＿ sie?　（*heißen*）　彼女はどういう名前ですか？

　 — Sie ＿＿＿＿＿＿＿ Anna.　（*heißen*）　彼女はアンナといいます。

II 動詞の位置（語順）

1. 平叙文：ドイツ語の平叙文では動詞は通常，**2番目**の位置に置かれます。

 113

Ich	**lerne**	heute Deutsch.
Heute	**lerne**	ich Deutsch.
Deutsch	**lerne**	ich heute.

私は今日，ドイツ語を学びます。
今日，私はドイツ語を学びます。
ドイツ語を，私は今日学びます。

2. 疑問文：疑問文は大きく分けて2種類あります。

1) 疑問詞のある疑問文（補足疑問文）では，動詞は**2番目**の位置に置かれます。

Woher	**kommen**	Sie?
Was	**studiert**	er?
Wo	**wohnst**	du?

あなたはどちらのご出身ですか？
彼は何を専攻していますか？
君はどこに住んでいますか？

※疑問詞には他に wohin（どこへ），wie（どのように）などがあります。

2) ja（はい）/ nein（いいえ）で答える疑問文（決定疑問文）では，定形／定動詞は文頭に置かれます。

Kommen	Sie aus Wien?
Studiert	er Biologie?
Wohnst	du in München?

あなたはウィーンからいらしたのですか？
彼は生物学を専攻しているのですか？
君はミュンヘンに住んでいるのですか？

★ 決定疑問文の答え方：答えは，ja（はい）/ nein（いいえ）を使います。

Trinken Sie gern Kaffee?   — Ja , ich trinke gern Kaffee.
あなたはコーヒーが好きですか？   はい，私はコーヒーが好きです。

     — Nein , ich trinke *nicht* gern Kaffee.
     いいえ，私はコーヒーが好きではありません。

★ 否定疑問文の場合：ja の代わりに doch を使います。

Trinken Sie *nicht* gern Kaffee?   — Doch , ich trinke gern Kaffee.
あなたはコーヒーが好きではないのですか？   いいえ，私はコーヒーが好きです。

     — Nein , ich trinke *nicht* gern Kaffee.
     はい，私はコーヒーが好きではありません。

Übung2 下線部に Ja/Nein/Doch を入れましょう。

1) Gehen Sie gern ins Kino?   あなたは映画を見るのが好きですか？

— _____ , ich gehe gern ins Kino.   はい，私は映画を見るのが好きです。

2) Kommt ihr aus Tokyo?   君たちは東京から来たの？

— _____ , wir kommen aus Osaka.   いいえ，私たちは大阪から来ました。

3) Spielt er nicht gern Fußball?   彼はサッカーをするのが好きではないの？

— _____ , er spielt gern Fußball.   いいえ，彼はサッカーをするのが好きです。

出身はどこですか？

I 1) ドイツの都市名を声に出して読みましょう。

2) お互いの名前，出身地，居住地を du / Sie 両バージョンで聞いてみましょう。

いろいろな都市の出身者になって，好きな都市に住んでいることにしても良いでしょう。

Wie heißen Sie? / Wie heißt du?

— Ich heiße   *Klaus Bauer*   . / Ich heiße   *Klaus*   .

Woher kommen Sie? / Woher kommst du?

— Ich komme aus   *Bremen*   .

Wo wohnen Sie? / Wo wohnst du?   — Ich wohne in   *München*   .

II 1) 0〜10までの数字を言ってみましょう。

0	1	2	3	4	5
null	eins	zwei	drei	vier	fünf

6	7	8	9	10
sechs	sieben	acht	neun	zehn

2) どちらの電話番号が聞こえましたか？

① (089) 2 8 4 3 9 1   (   )   (089) 2 8 5 4 9 1   (   )

② (030) 2 3 1 1 5 7   (   )   (030) 3 2 1 1 4 6   (   )

③ (069) 7 6 5 9 4 8   (   )   (069) 6 7 4 9 5 8   (   )

Berlin （ベルリン）の名所

ブランデンブルク門

ベルリンの街並

シャルロッテンブルク宮殿

連邦国会議事堂

ベルリン大聖堂

▶**カリーヴルスト博物館 Deutsches Currywurst Museum:** カリーヴルストの歴史やスパイスなどに関する体験型博物館。カリーヴルストは，焼きソーセージにケチャップとカレー粉のソースをかけたドイツの B 級グルメ。店ごとに秘蔵のソース配分や焼き油へのこだわりがある。

▶**ブランデンブルク門 Brandenburger Tor:** 東西ドイツの分断と統一のシンボル。東西ベルリンを隔てた壁の痕跡は，道路に埋め込まれた標やレンガなどで知ることができる。

▶**緑のベルリン das grüne Berlin:** ベルリンの三分の一は森林，公園，庭園などの緑地で覆われている。街の中央付近には動物園や植物園などの広大な公園 Tierpark が広がり，多くの湖の１つである Wannsee は，人々の憩いの場となっている。

▶**連邦議会議事堂 Reichstagsgebäude:** 屋上のガラス張りのドームからベルリン市街が眺められる。建物はドイツ帝国時代に国会議事堂として使われた。

▶**シャルロッテンブルク宮殿 Schloss Charlottenburg:** プロイセン王フリードリヒ１世の妻ゾフィー・シャルロッテのために 1699 年に建てられた。陶磁器の間には中国や日本の陶磁器が飾られている。

▶**ベルリン大聖堂 Berliner Dom:** 荘厳なドーム型の屋根と金色の十字架，巨大なパイプオルガンのある教会。ホーエンツォレルン家の記念教会であり，墓所もある。コンサートや催し物の会場としても使われている。

▶**ベルリン国立歌劇場 Staatsoper Berlin:** 1742 年にフリードリヒ大王の宮廷歌劇場として建設された。ベルリンで最も古い歌劇場。旧東ドイツ側にあり，数々の初演も行われた。

二重母音

1. 次の a)〜c) の音は①〜③のどれに当てはまりますか。線で結びましょう。続いて発音しましょう。　🎧118

   a) [aɪ] アィ・　・① Ausland　外国　　　　　Haus　家　　　　　Mai　5月

   b) [aʊ] アゥ・　・② heißen　〜の名前である　reisen　旅行する　kaufen　買う

   c) [ɔɪ] オィ・　・③ Deutsch　ドイツ語　　　neun　9　　　　　Bäume　木 (pl)

2. 下線部に ei, au, eu のいずれかを入れましょう。続いて発音しましょう。　🎧119

   1) F r ＿＿＿＿ 女性　　2) z w ＿＿＿＿ 2　　　　3) D ＿＿＿ t s c h l a n d ドイツ

シュナイダーさん一家の自己紹介を読み，以下の設問に答えましょう。

 120

 Ich heiße Markus Schneider. Ich komme aus Frankfurt. Jetzt wohne ich in München. Ich arbeite als Bankkaufmann. Ich male gern.

 121

 Ich heiße Monika Schneider. Ich komme aus Hamburg. Ich singe gern und höre gern Musik. Ich trinke gern Kaffee.

122

 Ich heiße Lisa Schneider. Ich studiere in Bonn. Ich lerne jetzt Französisch und Japanisch. Ich tanze gern und spiele gern Fußball.

注

jetzt 今，arbeiten als ～ …として働く，Bankkaufmann 銀行員，malen 絵を描く，gern 好きだ，singen 歌う，Musik hören 音楽を聴く，Kaffee trinken コーヒーを飲む，studieren（大学で）勉強する，Bonn ボン（地名），lernen 学ぶ，Französisch: フランス語，Japanisch 日本語，tanzen 踊る・ダンスをする，Fußball spielen サッカーをする

1. Markus Schneider さんについてわかったことを，表に書きましょう。

出身地	
居住地	
職業	
趣味	

2. Schneider 夫人になったつもりで答えましょう。

1) Woher kommen Sie?

_____

2) Was machen Sie gern?　　　　　　　　　　※ machen する

_____

3) Trinken Sie gern Kaffee?

_____

3. Sie（彼女は）を主語にして，Lisa Schneider さんの紹介をしましょう。

> Sie ___heißt___ Lisa Schneider. Sie _____ in Bonn.
>
> Sie _____ jetzt Französisch und Japanisch. Sie _____
>
> gern und _____ gern Fußball.

4. Schneider 家の人々にならい，自己紹介文を書きましょう。

_____

_____

_____

_____

【11～100 までの数字】		
11 elf		
12 zwölf	**20** zwanzig	**21** einundzwanzig
13 dreizehn	**30** dreißig	**22** zweiundzwanzig
14 vierzehn	**40** vierzig	**23** dreiundzwanzig
15 fünfzehn	**50** fünfzig	...
16 sechzehn	**60** sechzig	85
17 siebzehn	**70** siebzig	fünfundachtzig
18 achtzehn	**80** achtzig	
19 neunzehn	**90** neunzig	
	100 (ein)hundert	

🎧 123

📙 **Thema** ドイツ語圏の国々
📙 **Grammatik** 動詞の現在人称変化（Ⅱ）・並列の接続詞

Ⅰ 不規則動詞

sein, haben, werden のように，よく使われる動詞はしばしば特殊な変化をします。

不定形	sein …である		
ich 私は	**bin**	**wir** 私たちは	**sind**
du 君は	**bist**	**ihr** 君たちは	**seid**
er 彼は / **sie** 彼女は / **es** それは	**ist**	**sie** 彼らは	**sind**
Sie あなたは，あなた方は		**sind**	

Bist du Japaner? — Ja, ich bin Japaner.
君は日本人ですか？　　　　はい，私は日本人です。

Übung1 動詞 sein を主語に合わせて人称変化させましょう。

1) Ich ＿＿＿＿＿ Student. 私は大学生です。

2) ＿＿＿＿＿ Sie Student? あなた（方）は大学生ですか？

3) Er ＿＿＿＿＿ Student. 彼は大学生です。

不定形	haben …を持っている		
ich 私は	**habe**	**wir** 私たちは	**haben**
du 君は	**hast**	**ihr** 君たちは	**habt**
er 彼は / **sie** 彼女は / **es** それは	**hat**	**sie** 彼らは	**haben**
Sie あなたは，あなた方は		**haben**	

Haben Sie Hunger? — Ja, ich habe Hunger.
あなたはお腹がすいていますか？　　はい，すいています。

Übung2 動詞 haben を主語に合わせて人称変化させましょう。

1) Ich ＿＿＿＿＿ heute Zeit. 私は今日時間があります。

2) ＿＿＿＿＿ du heute Zeit? 君は今日時間がありますか？

3) Sie ＿＿＿＿＿ heute Zeit. 彼らは今日時間があります。

不定形	werden …になる		
ich 私は	**werde**	**wir** 私たちは	**werden**
du 君は	**wirst**	**ihr** 君たちは	**werdet**
er 彼は / **sie** 彼女は / **es** それは	**wird**	**sie** 彼らは	**werden**
Sie あなたは，あなた方は		**werden**	

werden は 2 ・ 3 人称単数形で語幹の母音の e が i に変わる動詞です。

Er wird Lehrer. 彼は教師になります。

Übung3 動詞 werden を主語に合わせて人称変化させましょう。

1) Ich ＿＿＿＿＿＿ Pilot. 私はパイロットになります。

2) ＿＿＿＿＿＿ du Lehrerin? 君は教師になるの？

3) Sie ＿＿＿＿＿＿ bald Mutter. 彼女はまもなく母親になります。

 127

不定形	arbeiten 働く		
ich 私は	arbeite	wir 私たちは	arbeiten
du 君は	arbeitest	ihr 君たちは	arbeitet
er 彼は / sie 彼女は / es それは	arbeitet	sie 彼らは	arbeiten
Sie あなたは，あなた方は	arbeiten		

動詞の語幹が -d あるいは -t で終わる場合，動詞の種類によって du, er/sie/es, ihr が主語の
ときに口調上の e を添えます。このタイプの動詞には warten「待つ」, finden「見つける／〜を…
と思う」などがあります。

Paul arbeitet fleißig. パウルはまじめに働いています。

Ⅱ 並列の接続詞

並列の接続詞は二つの文や語句を結びつけます。

aber しかし	denn というのは	oder あるいは
und そして	(nicht...), sondern... （…ではなく）…である	

 128

Paula ist groß, **aber** Daniel ist klein. パウラは背が高いが，ダニエルは背が低いです。
Sie kommt heute nicht, **denn** sie ist krank. 彼女は今日は来ません，というのも病気だからです。
Wir lernen **nicht** Englisch, **sondern** Deutsch. 私たちは英語ではなく，ドイツ語を学んでいます。

Übung4 並列の接続詞を入れましょう。

1) Trinken Sie Bier ＿＿＿＿＿ Wein? あなたはビールにしますか，それともワインにしますか？

2) Ich habe Zeit, ＿＿＿＿＿ ich komme nicht. 私は時間はありますが，行きません。

3) Er ist nett ＿＿＿＿＿ sportlich. 彼は親切でスポーティーです。

職業は何ですか？

I 1) 発音しましょう。

Deutscher   Deutsche   Japaner   Japanerin   Italiener   Italienerin

Engländer   Engländerin   Koreaner   Koreanerin   Chinese   Chinesin

2) その国の人になって話しましょう。

 130

A: Sind Sie _____ ?

B: Ja, ich bin _____   Nein, ich bin _____

① Japaner（Japanerin）   ② Italiener（Italienerin）×→ Spanier（Spanierin）

③ Amerikaner（Amerikanerin）   ④ Deutscher（Deutsche）→ Österreicher（Österreicherin）

II 1) 次の人たちの職業名を発音しましょう。

 131

Koch / Köchin   Angestellter / Angestellte   Arzt/ Ärztin   Musiker / Musikerin   Verkäufer / Verkäuferin

Student / Studentin   Hausfrau / Hausmann   Friseur / Friseurin   Kellner / Kellnerin   Lehrer / Lehrerin   Journalist / Journalistin

2) 職業は何ですか？

1) の職業名を使ってお互いの職業について du / Sie 両バージョンで聞いてみましょう。

 132

A: Was bist du von Beruf? / Was sind Sie von Beruf?

B: Ich bin _____

3) 次の人たちを紹介しましょう。

 133

例：Frau Bach（女医）   Das ist Frau Bach. Sie ist Ärztin.

① Herr Stein（コック）   ② Florian（ウェイター）   ③ Lena（教師）   ④ Thomas（サラリーマン）

ドイツの世界遺産

UNESCO-Welterbe-Stätten in Deutschland ドイツの世界遺産の中から6つ紹介します。

Aachener Dom アーヘン大聖堂
フランク王国のカール大帝が786年に建設を始めた、ヨーロッパで最も古い聖堂。大帝の遺骨は聖堂内に収められている。

Würzburger Residenz ヴュルツブルク司教館
18世紀に建てられたドイツ・バロックの最高傑作。

Wieskirche ヴィースの巡礼教会
1754年に完成し、ロココ様式の装飾はヨーロッパ随一。

Kölner Dom ケルン大聖堂
ドイツを代表するゴシック建築の傑作。1248年の建設開始から完成まで600年かかった。

Hansestadt Lübeck ハンザ同盟都市リューベック
13世紀から14世紀にかけてハンザ同盟の盟主として繁栄を誇った帝国自由都市。

Museumsinsel in Berlin ベルリンの博物館島
ベルリン市内を流れるシュプレー川の中洲に、19世紀から20世紀にかけて建設された5つの博物館。

母音の長短

1. 音声に続いて次の単語を発音しましょう。母音は長母音・短母音を区別します。a [aː] [a] 以外の母音は、音質も違うことに注意しましょう。

 134

a [aː]	Tag 日	Glas グラス	[a]	Mann 男	alt 古い
e [eː]	leben 生きる	zehn 10	[ɛ]	gern 好んで	England イギリス
i [iː]	Bier ビール	sieben 7	[ɪ]	bitte どうぞ	trinken 飲む
o [oː]	wohnen 住む	Boot ボート	[ɔ]	kommen 来る	kochen 料理する
u [uː]	Kuh 牛	gut 良い	[ʊ]	und そして	Bus バス

2. 次の赤字の母音は、長母音・短母音のどちらですか。表に分類しましょう。

 135

aber しかし　　arbeiten 働く　　haben 持っている　　nett 親切な　　gehen 行く
Fest 祭り　　oder または　　Beruf 職業　　groß 大きい　　Tee 茶

長母音	① 同じ母音の連続 ② ＋h / ß ③ ＋子音1個以下	① *Tee* ② ③ *aber*
短母音	① ＋同じ子音連続 ② ＋子音2個以上	① ② *arbeiten*

1. 次の自己紹介を読み，問いに答えましょう。

 136

1) Hallo, ich heiße Alex Schmidt. Ich bin 20 Jahre alt. Ich komme aus München. Ich wohne jetzt in Hamburg und studiere Politologie. Ich mache sehr gern Sport. Ich schwimme und jogge jeden Tag. Ich spreche sehr gut Englisch und Französisch und lerne jetzt Italienisch.

> 注 ～ Jahre alt ～才である，Politologie 政治学，sehr gern とても好んで，Sport machen スポーツをする，schwimmen 泳ぐ，joggen ジョギングする，jeden Tag 毎日，sprechen 話す，Englisch 英語，Italienisch イタリア語

a) Woher kommt Alex und wo wohnt er?

b) Ist er Student?　　　　　　　　c) Was macht er jeden Tag?

 137

2) Guten Tag! Ich heiße Verena Müller. Ich bin 38 Jahre alt. Ich bin Friseurin und arbeite hier in Berlin. Ich habe zwei Kinder. Sie heißen Jan und Anna. Jan ist zwölf Jahre alt und Anna acht. Wir spielen gern Fußball und reisen oft nach Österreich.

> 注 Kinder 子供たち，reisen 旅行する，oft しばしば，nach Österreich オーストリアへ

a) Was ist Verena von Beruf?　　　　　b) Wie heißen die Kinder?

c) Was macht Familie Müller gern?

2. a～cを説明する文を下から2つずつ選び，下線部にa～cを入れましょう。

a. 　　b. 　　c.

 138

1) ＿＿＿ Das ist Lukas. Er ist Schüler und wohnt in Bremen.

2) ＿＿＿ Viele Menschen besuchen gern Liechtenstein.

3) ＿＿＿ Das sind Gabi und Antonio. Sie wohnen in Köln.

4) ＿＿＿ Er lernt gern Englisch. Er spielt jeden Tag Basketball.

5) ＿＿＿ Sie sind Kellner und Kellnerin.

6) ＿＿＿ Liechtenstein, also „Fürstentum Liechtenstein", ist klein.

> 注 Schüler 生徒，viele Menschen 多くの人，besuchen 訪れる，Liechtenstein リヒテンシュタイン（国），Basketball バスケットボール，Kellner ウェイター，Kellnerin ウェートレス，also つまり，Fürstentum 公国，klein 小さい

3. 次の言語を公用語にしている国はどこですか。国名を書きましょう。

Deutsch（ドイツ語が唯一の公用語）：

_____

_____

_____

Deutsch・Französisch・
Italienisch・Rätoromanisch（レトロ
マンス語）：

_____

Deutsch・Französisch・Flämisch
（フラマン語）：

_____

Deutsch・Französisch・
Luxemburgisch（ルクセンブルク語）：

_____

4. 下の枠から単語を選び，下線部を補いましょう。

1) In Deutschland wohnen etwa _____ Millionen Menschen.

   Deutschland ist etwa 357 000 Quadratkilometer groß. _____ ist die

   Hauptstadt.　🎧 139

2) _____ ist etwa 84 000 km² groß. Etwa 8,9 Millionen

   Menschen wohnen hier. Die _____ ist Wien. Man sagt in

   Österreich auch „Grüß Gott" für „Guten Tag".

3) Die Schweiz ist etwa 41 000 km² groß. Hier wohnen etwa _____

   Millionen Menschen. Die Hauptstadt ist _____.

> 注 etwa 約，Quadratkilometer 平方キロメートル，groß ～の大きさ，Menschen 人々，die Hauptstadt 首都，
> für ～の代わりに

Berlin　Bern　Hauptstadt　Österreich　8　83

数字の読み方	
100 = (ein)hundert	1 000 = (ein)tausend
100 000 = (ein)hunderttausend	1 000 000 = eine Million
83 000 000 = dreiundachtzig Millionen	

🎧 140

◢Thema　　　　広告
◢Grammatik　　定冠詞・不定冠詞・否定冠詞の変化

名詞には男性名詞，女性名詞，中性名詞という文法上の区別があります。冠詞は名詞の前に置かれ，名詞の性と数と格に応じて変化します。名詞は頭文字を大文字で書きます。

Ⅰ 定冠詞

定冠詞は英語の *the* にあたり，「その（この・あの）〜」といった意味になります。

🎧141

	単数			複数
	男性名詞	女性名詞	中性名詞	*複数形については4課で学びます。
	Mann 男性・夫	**Frau** 女性・妻	**Kind** 子供	**Kinder** 子供たち
1格（〜が, は）	der Mann	die Frau	das Kind	die Kinder
2格（〜の）	des Mann(e)s	der Frau	des Kind(e)s	der Kinder
3格（〜に）	dem Mann	der Frau	dem Kind	den Kinder*n*
4格（〜を）	den Mann	die Frau	das Kind	die Kinder

※男性名詞・中性名詞の2格には -es または -s をつけます。（通常，1音節の名詞には -es を，2音節以上の名詞には -s をつけます。）複数形の3格には -n がつきます。ただし -n または -s で終わる複数形にはつけません。

1格：<u>Der Mann</u> kommt aus Deutschland.　その男性はドイツ出身です。
2格：Ich kenne die Tochter <u>des Mannes</u>.　私はその男性の娘を知っています。
3格：Ich gebe <u>dem Mann</u> das Buch.　私はその男性にその本をあげます。
4格：Ich kenne <u>den Mann</u>.　私はその男性を知っています。
※辞書の表記について：辞書では名詞の性を 男 女 中 や m. f. n. といった表記で示しています。

Übung1 適切な定冠詞を入れましょう。

1) Kennst du ＿＿＿＿＿ Arzt 男?　　君はその医者を知っていますか？
2) ＿＿＿＿＿ Uhr 女 ist neu.　　その時計は新しいです。
3) Ich kaufe ＿＿＿＿＿ Klavier 中.　　私はそのピアノを買います。

Ⅱ 男性弱変化名詞

男性名詞で，単数1格以外のすべての格で -[e]n の語尾をとるものがあり，《男性弱変化名詞》と呼ばれます。

🎧142

Student 大学生	
1格 der Student	die Studenten
2格 des Studenten	der Studenten
3格 dem Studenten	den Studenten
4格 den Studenten	die Studenten

Übung2 次の単語を格変化させましょう。

der Polizist 警察官

1格 ＿＿＿＿＿
2格 ＿＿＿＿＿
3格 ＿＿＿＿＿
4格 ＿＿＿＿＿

Ⅲ 不定冠詞

不定冠詞は英語の *a, an* にあたり，「ひとつの…，ある…」といった意味になります。

	男性名詞 **Mann** 男性・夫	女性名詞 **Frau** 女性・妻	中性名詞 **Kind** 子供	複数 **Kinder** 子供たち
1格（〜が, は）	ein Mann	eine Frau	ein Kind	Kinder
2格（〜の）	eines Mann(e)s	einer Frau	eines Kind(e)s	Kinder
3格（〜に）	einem Mann	einer Frau	einem Kind	Kindern
4格（〜を）	einen Mann	eine Frau	ein Kind	Kinder

 143

Übung3 適切な不定冠詞を入れましょう。

1) Hast du ＿＿＿＿＿＿ Fahrrad 中?　　　　　君は自転車を持っていますか？

2) Ich zeige ＿＿＿＿＿＿ Schülerin 女 ＿＿＿＿＿＿ Foto 中.　私はある女子生徒に，一枚の写真を見せます。

3) Kauft er ＿＿＿＿＿＿ Fernseher 男?　　　　彼はテレビを買うのですか？

Ⅳ 否定冠詞

否定冠詞 kein は不定冠詞のついた名詞や無冠詞の名詞を否定するときに使います。不定冠詞 ein と同じ変化をします。

	男性名詞 **Mann** 男性・夫	女性名詞 **Frau** 女性・妻	中性名詞 **Kind** 子供	複数 **Kinder** 子供たち
1格（〜が, は）	kein Mann	keine Frau	kein Kind	keine Kinder
2格（〜の）	keines Mann(e)s	keiner Frau	keines Kind(e)s	keiner Kinder
3格（〜に）	keinem Mann	keiner Frau	keinem Kind	keinen Kindern
4格（〜を）	keinen Mann	keine Frau	kein Kind	keine Kinder

 144

①不定冠詞のついている名詞を否定します。

Haben Sie einen Stift 男?　　 — Nein, ich habe keinen Stift.
ペンを持っていますか？　　　　　　いいえ，持っていません。

②無冠詞の名詞を否定します。

Hast du Zeit 女?　　　　　 — Nein, ich habe keine Zeit.
君は時間がありますか？　　　　　　いいえ，ありません。

※①②以外はたいてい nicht で否定します。

Ich kaufe die Tasche nicht.　　私はそのカバンを買いません。

Übung4 次の単語を格変化させましょう。

	1) kein Fernseher 男	2) keine Zeitung 女	3) kein Sofa 中
1格			
2格			
3格			
4格			

何をプレゼントしますか？

Ⅰ 色を発音しましょう。

 145

rot	weiß	schwarz	grau	braun	gelb	grün	blau

Ⅱ 次のものについて話しましょう。

146

Stuhl 男　　　　Das ist ___ein Stuhl___. Der Stuhl ist ___blau___.

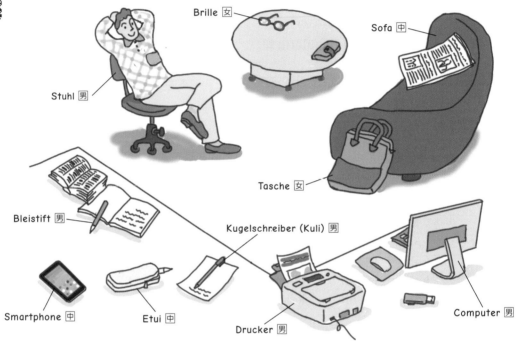

Brille 女
Sofa 中
Stuhl 男
Tasche 女
Bleistift 男
Kugelschreiber (Kuli) 男
Computer 男
Smartphone 中
Etui 中
Drucker 男

Ⅲ 次の人たちに何をプレゼントしますか？

Ken　　　　　Jonas　　　　　Yuta　　　　　Aiko

ein Deutsch-Japanisches-　eine Badehose 女　　Noten 複　　ein Tanzkleid 中
Wörterbuch 中

 147

A: Was schenkst du ___Ken___?

B: (Ich schenke Ken) ___Ein Wörterbuch___.

ドイツの文学とバレエ

　舞台芸術のひとつであるバレエは，用語がフランス語であること，三大バレエの作曲家チャイコフスキーがロシアの音楽家であるといったことからフランスやロシアのイメージが強いかもしれません。しかし実はドイツの文学作品もバレエと深く関わっています。たとえば三大バレエの『眠りの森の美女』や『くるみ割り人形』のストーリーは，グリム童話の『いばら姫』，後期ロマン派の作家 E.T.A. ホフマンの原作によるもので，『眠りの森の美女』第三幕には結婚式の余興として「赤ずきん」も登場します。そして『白鳥の湖』はドイツが舞台です。『白鳥の湖』のモチーフは啓蒙主義時代の作家ムゼーウスによる民話「奪われたヴェール」に由来すると言われることもあります。また，これら三大バレエに先んじて上演されていた『ジゼル』は，ドイツ・ロマン派の詩人ハイネの『精霊物語』から着想を得てつくられた作品です。悲恋の末に亡くなった娘が亡霊となって踊るモチーフはいかにもバレエにぴったりです。そしてホフマンの『砂男』をもとにした『コッペリア』もよく上演されるバレエで，ダンサーがコッペリウス博士の作った人形に扮して踊るシーンなどが見どころのひとつです。

『くるみ割り人形』より

E.T.A. ホフマン

『ジゼル』より

ハイネ

s / ss / sch / sp / st / ß

1. 次の①〜③の [s] [ʃ] [z] に当てはまる単語を a)〜e) から見つけましょう。音声で答えを確かめ，続いて発音しましょう。

🎧 148

① [s] ス・　　・a) Student 大学生　　Stadt 街　　spät 遅い　　spielen （スポーツを）する

　　　　　　・b) Sofa ソファー　　Sommer 夏　　Hose ズボン　　Reise 旅行

② [ʃ] シュ・　・c) Fuß 足　　heißen 〜の名前である　　Schloss 城

　　　　　　・d) Haus 家　　Kurs 講座　　Gast 客　　kosten 〜の値段である

③ [z] ズ・　　・e) Schüler 生徒　　schreiben 書く　　Geschichte 歴史

2. 下線部に s, ss, st, sp, sch のいずれかを入れて単語を完成させましょう。続いて発音しましょう。

🎧 149

1) be＿＿uchen 訪ねる　　　　　　2) ＿＿＿＿＿＿ wimmen 泳ぐ

3) ＿＿＿＿ ort スポーツ　　　　　4) Schlo＿＿＿＿ 城

5) ＿＿＿＿ udent 大学生　　　　　6) Mu＿＿eum 博物館

次の人たちにおすすめの広告文を選択肢から選びましょう。

Ken reist im Sommer nach Deutschland. Er hat in München einen Freund. Er lernt in München Deutsch. ( )

注
　　im Sommer 夏に

Jonas macht gern Sport. Besonders gern schwimmt er. Im Sommer ist er am Meer. ( )

注
　　Sport machen スポーツをする，besonders 特に，schwimmen 泳ぐ，im Sommer 男 夏に，gern 好んで，am Meer 浜辺で

Herr und Frau Honda gehen gern ins Konzert. Sie fliegen im September nach Deutschland. Sie reservieren vorher im Internet die Eintrittskarten. ( )

注
　　ins Konzert 中 gehen コンサートに行く，fliegen 飛ぶ，im September 男 9 月に，nach Deutschland ドイツへ，reservieren 予約する，vorher あらかじめ，Eintrittskarte 女 入場券

Anna studiert Geschichte und Politik. Sie schreibt jetzt ein Referat über Berlin und die Hitler-Zeit. ( )

注
　　Geschichte 女 歴史，Politik 女 政治，ein Referat 中 schreiben レポートを書く，über ～について，die Hitler-Zeit 女 ヒトラー時代

Aiko geht im Sommer nach Österreich. Sie tanzt sehr gern. Sie findet Walzer sehr elegant. ( )

注
　　tanzen 踊る，finden ～を…と思う，Walzer 男 ワルツ，sehr とても，elegant エレガントな

Yuta ist Musikstudent. Er studiert Gesang und hört gern Kirchenmusik. Er fliegt im Dezember nach Deutschland, aber er hat nicht so viel Geld. ( )

注
　　Musikstudent 男 音大生，Gesang 男 声楽，hören 聴く，Kirchenmusik 女 教会音楽，im Dezember 男 12 月に，nicht ～でない，so それほど，viel 多い，Geld 中 お金

a.

Studentische Reisegruppe nach Berlin.
In Berlin: die Berliner Mauer,
der Reichstag, das Brandenburger Tor,
Museum Haus am Checkpoint Charlie.

注 🎧 151

studentisch 学生の，Reisegruppe 囡 旅行グループ，die Berliner Mauer 囡 ベルリンの壁，der Reichstag 男 連邦議会議事堂，das Brandenburger Tor 匣 ブランデンブルク門，Museumhaus am Checkpoint Charlie 壁博物館

b.

Deutschkurs in München. In kleinen
Gruppen lernen Sie Deutsch. Wir machen
Exkursionen nach Augsburg und
Regensburg. Am Wochenende besuchen
wir das Schloss Neuschwanstein.

注

Deutschkurs 男 ドイツ語のコース，in kleinen Gruppen 覆 > Gruppe 囡 小さなグループで，Exkursion 囡 見学旅行，エクスカーション，das Schloss Neuschwanstein ノイシュヴァンシュタイン城

c.

Tanzen Sie gern? Walzer in Wien
haben eine lange Tradition. Besuchen
Sie doch unsere Tanzschule!

注

eine lange Tradtion 囡 長い伝統，besuchen 訪れる，unsere Tanzschule 囡 私たちのダンス学校

d.

Liebe Gäste,
herzlich willkommen im Hotel
STRAND an der Nordsee.
Alles ist möglich bei uns: Wandern,
Joggen, Rad fahren, Windsurfen,
Schwimmen!

注

liebe Gäste 親愛なるお客様，herzlich willkommen ようこそ，an der Nordsee 北海で，möglich 可能な，bei uns 私たちのところで，Wandern 匣 散策，Joggen 匣 ジョギング，Rad 匣 fahren サイクリング，Windsurfen 匣 ウィンドサーフィン

e.

Knabenchor an der St. Michaelskirche
Programm: Weihnachts-Oratorium
von Johann Sebastian Bach.
Eintritt frei

注

Knabenchor 男 少年合唱団，St. Michaelskirche 聖ミヒャエル教会，Weihnachts-Oratorium 匣 クリスマス・オラトリオ，von 〜の，Eintritt 男 入場，frei 無料の

f.

Konzert in Hamburg am 27. September
Ludwig van Beethoven: Egmont
Robert Schumann: Symphonie Nr.3 Es- Dur Op. 97 „Rheinische"
<Vorverkaufsstellen>
http://www.musikhalle.de/veranstaltungen_detail.php?va_id=soa14

注
Egmont エグモント序曲，Symphonie Nr.3 Es- Dur Op. 97 „Rheinische " 交響曲第 3 番変ホ長調作品 97「ライン」，
Vorverkaufsstellen 覆 > Vorverkaufsstelle 囡 前売り券発売所

🔖 Thema	ドイツ語圏の食べ物・飲み物
🔖 Grammatik	名詞の複数形・人称代名詞

Ⅰ 名詞の複数形

複数形は5つのグループに分けられます。複数形の定冠詞（1格）は，名詞の性と関係なく die です。

152

	単数形		複数形
無語尾型	der Kuchen	ケーキ	die Kuchen
	der Apfel	リンゴ	die Äpfel
-e 型	das Brot	パン	die Brote
	die Wurst	ソーセージ	die Würste
-er 型	das Ei	卵	die Eier
	das Glas	コップ	die Gläser
- (e)n 型	die Tomate	トマト	die Tomaten
	die Packung	袋	die Packungen
-s 型	das Restaurant	レストラン	die Restaurants

※1　無語尾型，-e 型は複数形で母音が変音することがあります。

※2　-er 型では，名詞の幹母音が a, o, u, au のときに必ず変音します。

※3　das Museum - die Museen, das Studium - die Studien 等，不規則な複数形になる名詞 もごくわずかですがあります。

Übung 1　辞書を参考に，以下の名詞を複数形にしましょう。

der Computer コンピュータ　—　*die* _____

die Banane　バナナ　—　_____

das Auto　車　—　_____

der Stuhl　椅子　—　_____

das Buch　本　—　_____

★ 複数形の格変化：複数形の格変化は，次のようになります。

153

1格　～が/は	die Kinder
2格　～の	der Kinder
3格　～に	den Kindern
4格　～を	die Kinder

※ Tomaten や Restaurants のように，複数形 が -n, -s で終わる名詞は，3格の語尾に -n はつきません。

1格　Die Kinder spielen im Garten.　　その子供たちは庭で遊んでいます。

2格　Die Eltern der Kinder sind nett.　　その子供たちの両親は親切です。

3格　Ich gebe den Kindern Bücher.　　私はその子供たちに何冊か本をあげます。

4格　Der Lehrer lobt die Kinder.　　その先生はその子供たちをほめます。

Ⅱ 人称代名詞

人称代名詞は名詞の代わりに用いられ，格に応じた変化形があります。

154

	私	君	彼	彼女	それ	私たち	君たち	彼ら	あなた（方）
1格	ich	du	er	sie	es	wir	ihr	sie	Sie
3格	mir	dir	ihm	ihr	ihm	uns	euch	ihnen	Ihnen
4格	mich	dich	ihn	sie	es	uns	euch	sie	Sie

※2格は現代ドイツ語ではほとんど使われないので省略します。

Ich schenke ihr Blumen.   僕は彼女に花をプレゼントします。

Ich liebe sie.   僕は彼女を愛しています。

★ 人称代名詞は「人」だけでなく「物」にも用いられます。

Peter ist groß.   → **Er** ist groß.   ペーター（＝彼）は背が高い。

Der Kuchen ist groß.   → **Er** ist groß.   そのケーキ（＝それ）は大きい。

Übung 2   人称代名詞を入れましょう。

1) Was kostet der Teller 男?   そのお皿はいくらですか？

   — ＿＿＿＿＿＿＿ kostet 8 Euro 50.   それは8ユーロ50セントです。

2) Wo ist Sabine?   ザビーネはどこにいますか？

   — ＿＿＿＿＿＿＿ ist in Rom.   彼女はローマにいます。

3) Wie findest du die Uhr 女?   その時計をどう思いますか？

   — Ich finde ＿＿＿＿＿＿＿ schön.   私はそれを素敵だと思います。

4) Was schenkst du Daniel?   君はダニエルに何を贈るの？

   — Ich schenke ＿＿＿＿＿＿＿ eine CD.   私は彼にCDを一枚贈ります。

★ 名詞と人称代名詞の語順：3格と4格の目的語の順番は以下のようになります。

1. どちらも名詞の場合：3格→4格の順

   Ich gebe einem Schüler ein Heft.   私は一人の生徒に一冊のノートをあげます。
   　　　　　3格　　　　4格

155

2. どちらかが人称代名詞の場合：人称代名詞→名詞の順

   Ich gebe ihm ein Heft.   私は彼に一冊のノートをあげます。
   　　　　　3格　4格

   Ich gebe es einem Schüler.   私はそれを一人の生徒にあげます。
   　　　　　4格　　3格

3. どちらも人称代名詞の場合：4格→3格の順

   Ich gebe es ihm.   私はそれを彼にあげます。
   　　　　　4格 3格

どんな食べ物が好きですか？

Ⅰ 食べ物・飲み物の単語を声に出して読みましょう。

156

essen		trinken	
Fleisch 肉	Fisch 魚	Kaffee コーヒー	Tee 紅茶
Gemüse 野菜	Reis ご飯	Milch 牛乳	
Nudeln 麺類	Brot パン	Mineralwasser ミネラルウォーター	
Suppe スープ	Misosuppe 味噌汁	Bier ビール	Wein ワイン
Obst 果物	Joghurt ヨーグルト	Apfelsaft リンゴジュース	
Salat サラダ	Sandwich サンドイッチ	Orangensaft オレンジジュース	
Pizza ピザ	Spaghetti スパゲティ	Limonade レモネード	
Curryreis カレーライス		Cola コーラ	

Ⅱ どんな食べ物や飲み物が好きか聞いてみましょう。

157

Was essen Sie gern?

Was isst du gern?

Ich esse gern _____.

Was trinken Sie gern?

Was trinkst du gern?

Ich trinke gern _____.

Ⅲ 上のリストの単語を参考に，朝食／昼食／夕食に何を食べるか聞いてみましょう。

158

○ Was essen Sie zum Frühstück / zu Mittag / zu Abend?

Was isst du zum Frühstück / zu Mittag / zu Abend?

□ Zum Frühstück esse ich _____ und trinke dazu _____

Zu Mittag esse ich _____ und trinke _____

Zu Abend esse ich _____ und trinke _____

※ dazu それに加えて

ドイツ語圏の料理

ドイツ語圏の料理です。写真と料理名を線で結びましょう。

Wiener Schnitzel・
ウィーン風カツレツ：子牛を薄く伸ばし，細かいパン粉をつけてバターまたはラードで揚げたカツレツ。

Bratwurst mit Pommes・
焼きソーセージのフライドポテト添え：ソーセージにはマスタード，ポテトには塩の他にケチャップやマヨネーズをつけることが多い。

Schwarzwälder Kirschtorte・
黒い森のサクランボケーキ：ココアのスポンジ生地の間に生クリームとチェリーが入る。Kirschwasser のリキュールがふんだん入った大人のケーキ。

Käsefondue・
チーズフォンデュ：チーズを白ワインで溶かし，パンにつけて食べる料理。スイスの兵士が自宅に持ち帰ったことで広まったとされる。

Gulaschsuppe・
グーラシュスープ：パプリカ粉や香辛料の入ったビーフシチューのスープ仕立て。ハンガリーが由来とされる。

Schweinshaxe・
豚のすね肉：骨付きの豚をローストした料理。

Brezel・
ブレーツェル：パンのような柔らかい部分と比較的固い部分，カリッとした部分の3種類の硬さが楽しめる。ビールとともにもしくはおやつに食べる。パン屋のシンボルとして看板などに使われる。

変母音

1. 次の単語の音声を聞き，続いて発音しましょう。ö と ü の長母音と短母音は，音質が異なることにも注意しましょう。ä は，長母音と短母音を区別しますが音質は同じです。

159

Ä: [ɛ:] Käse チーズ Bär 熊 [ɛ] März 3月 Bäcker パン屋
Ö: [øː] schön 素敵な Öko エコ [œ] Köchin （女性）コック Töchter 娘 (pl)
Ü: [y:] Schüler 生徒 Tür ドア [ʏ] dünn 薄い kühl 涼しい

2. 聞こえた方の単語に印をつけましょう。続いて発音しましょう。

160

1) a-ä ① □ Apfel - □ Äpfel ② □ Glas - □ Gläser ③ □ Land – □ Länder
2) o-ö ① □ schon - □ schön ② □ Koch - □ Köchin ③ □ Brot - □ Brötchen
3) u-ü ① □ Wurst - □ Würste ② □ Schule - □ Schüler ③ □ Buch – □ Bücher

3. 聞こえた方の単語に印をつけましょう。続いて発音しましょう。

161

① Ich finde □ den Apfel / □ die Äpfel lecker.
　私はリンゴ / （複数形）をおいしいと思う。

② Er macht das □ schon / □ schön.　彼はそれをきっと / きちんとやります。

③ Das sind □ Brote / □ Brötchen.　これはパン / 丸い小さなパンです。

次の文を読み，設問に答えましょう。

 162

Laura, Anna, Martin und Daniel wohnen in einer Wohngemeinschaft. Morgen hat Laura Geburtstag. Anna, Martin und Daniel planen eine Party.

Martin: Ich mache Kartoffelsalat. Ich brauche dazu ein Kilo Kartoffeln, Zwiebeln, eine Gurke und ein Glas Senf. Salz, Pfeffer, Essig und Öl haben wir schon.

Daniel: Ich besorge Getränke. Ich kaufe zwei Flaschen Wein, vier Dosen Cola und einen Kasten Mineralwasser. Kaffee, Tee und Bier haben wir zu Hause.

Anna: Ich backe einen Kuchen. Butter, Milch und Backpulver haben wir noch zu Hause. Ich kaufe eine Packung Mehl, zehn Eier, einen Becher Sahne und Aprikosenmarmelade.

Martin: Wir kaufen dazu Brötchen, Käse, Schinken, Wurst und Tomaten.

注

Wohngemeinschaft 囡 シェアハウス（住居共同体），morgen 明日，Geburtstag 男 誕生日，planen 計画する，machen 作る，Kartoffelsalat 男 ポテトサラダ，brauchen 必要とする，dazu そのために・それに加えて，Kilo 囲 キロ，schon すでに，besorgen 調達する，Getränke 圈 飲みもの，kaufen 買う，Flaschen 圈 > Flasche 囡 ビン，Wein 男 ワイン，Dosen 圈 > Dose 囡 缶，Kasten 男 箱，zu Hause 家に，backen 焼く，Backpulver 囲 ベーキングパウダー，noch まだ，Packung 囡 袋，Mehl 囲 小麦粉，Becher 男 カップ，Sahne 囡 生クリーム，Aprikosenmarmelade 囡 あんずジャム，Brötchen 圈 > Brötchen 囲 小型のパン，Käse 男 チーズ，Schinken 男 ハム，Wurst 囡 ソーセージ，Tomaten 圈 > Tomate 囡 トマト

1. 3人が買おうとしているものを以下に挙げましょう。

ein Kilo Kartoffeln, ...

2. 3人がすでに持っているものを以下に挙げましょう。

Salz, Pfeffer, ...

3. 下線部に四角の中から数量詞を入れましょう。

> Dose 女,　Flasche 女,　Gramm 中,　Kilo 中,　Liter 男,　Packung 女

例) ein **Pfund** Tomaten　　　　　　　　　　　　※ Pfund ポンド（1 Pfund = 500 Gramm）

eine _____ Cola　　　　ein _____ Milch

eine _____ Mehl　　　　300 _____ Schinken

eine _____ Limonade　　ein _____ Kartoffeln

4. ドイツ風の Kartoffelsalat（ポテトサラダ）の作り方です。1〜6 にふさわしい絵を a〜f から選び，記号を書きましょう。

> Zutaten:
>
> 800g Kartoffeln, 1 Zwiebel, 1 Gurke, 120ml Brühe, 2 Esslöffel Essig,
> 4 Esslöffel Pflanzenöl, Salz und Pfeffer

a.　　　　　b.　　　　　c.　　　　　d.　　　　　e.　　　　　f.

1) Kartoffeln waschen und in einem Topf kochen (　　)

2) Die Zwiebel klein schneiden, die Gurke schälen und in dünne Scheiben schneiden (　　)

3) Die Brühe erwärmen, Essig und Öl dazugeben, mit Salz und Pfeffer abschmecken (　　)

4) Die gekochten Kartoffeln schälen und in dünne Scheiben schneiden (　　)

5) Die Brühe und die Zwiebel zu den Kartoffeln in eine Schüssel geben und eine Stunde ruhen lassen (　　)

6) Die Gurke dazugeben und mit Essig, Salz und Pfeffer noch einmal abschmecken (　　)

 163

注

Zutaten 複 材料, Esslöffel 男 大さじ, Kartoffeln 複 > Kartoffel 女 ジャガイモ, waschen 洗う, Topf 男 鍋, Zwiebeln 複 > Zwiebel 女 玉ねぎ, klein 小さく, schneiden 切る, Gurke 女 キュウリ, schälen 皮をむく, dünn 薄い, Scheiben 複 > Scheibe 女 スライス, Brühe 女 ブイヨン（だし汁）, erwärmen 温める, Essig 男 酢, Öl 中 油, dazugeben つけ加える, mit 〜で, Salz 中 塩, Pfeffer 男 コショウ, abschmecken 味付けをする, gekocht > kochen ゆでた, Schüssel 女 ボール・深皿, geben 加える, eine Stunde 一時間, ruhen lassen 置いておく, noch einmal もう一度

	Thema	家族と職業
	Grammatik	不定冠詞類・定冠詞類

Ⅰ 不定冠詞類：所有冠詞

所有冠詞は，「mein- 私の」，「dein- 君の」，「sein- 彼の，それの」，「ihr- 彼女の」，「unser- 私たちの」，「euer- 君たちの」，「ihr- 彼らの，彼女らの」，「Ihr- あなた（方）の」のように「〜の（もの）」という所有をあらわします。所有冠詞は，名詞の性と格に合わせて変化し，不定冠詞と似た格変化をするため，不定冠詞類と呼ばれます。

所有冠詞 mein- の格変化：

164

	男性名詞	女性名詞	中性名詞	複数名詞
1格 私の…が / は	mein Mann	meine Frau	mein Kind	meine Kinder
2格 私の…の	meines Mann(e)s	meiner Frau	meines Kind(e)s	meiner Kinder
3格 私の…に	meinem Mann	meiner Frau	meinem Kind	meinen Kindern
4格 私の…を	meinen Mann	meine Frau	mein Kind	meine Kinder

※1 男性1格，中性1格・4格には語尾がつきません。

※2 unser, euer に語尾がつくと e が省かれる場合があります。

例 uns(e)re Lehrer 複 私たちの先生は・を　　eu(e)re Geschwister 複 君たちの兄弟は・を

1格：Mein Freund 男 heißt Klaus.　　　　　Meine Freundin 女 heißt Sabine.
　　　私の友達はクラウスという名前です。　　　　私の友達はザビーネという名前です。

4格：Ich kenne Ihren Onkel 男 gut.　　　　Wir besuchen morgen sein Restaurant 中.
　　　私はあなたの叔父さんをよく知っています。　　私たちは明日彼のレストランを訪ねます。

Übung1　次の単語を格変化させましょう。

1格　dein Computer 男　　Ihre Kamera 女　　　　sein Heft 中　　　　unsere Bilder 複

2格 _____

3格 _____

4格 _____

Übung2　所有冠詞の語尾を入れましょう。語尾がないところには × を入れましょう。

1) Mein_____ Freundin 女 und ihr_____ Mann 男 gehen gern spazieren.
　　私の友人と彼女の夫は散歩をするのが好きです。

2) Was bringst du dein_____ Freund 男 zur Party?
　　君は君の友達に何をパーティーに持っていきますか？

3) Unser_____ Kollege 男 feiert heute sein_____ Geburtstag 男.
　　私たちの同僚は今日，彼の誕生日を祝います。

Ⅱ 定冠詞類：定冠詞と似た格変化をするので定冠詞類と呼ばれます。

jed- どの〜も（単数のみ）　　　all- すべての　　　　　manch- かなりの　　　dies- この

jen- あの　　　　　　　　　　solch- そのような　　　welch- どの？

	男性名詞	女性名詞	中性名詞	複数名詞
	この椅子	この明かり	このベット	この絵
1格	dieser Stuhl	diese Lampe	dieses Bett	diese Bilder
2格	dieses Stuhl(e)s	dieser Lampe	dieses Bett(e)s	dieser Bilder
3格	diesem Stuhl	dieser Lampe	diesem Bett	diesen Bildern
4格	diesen Stuhl	diese Lampe	dieses Bett	diese Bilder

🎧 165

1格：Dieser Tisch 男 ist groß.　　　　4格：Ich finde diesen Tisch sehr gut.

　　この机は大きい。　　　　　　　　　　　私はこの机をとても良いと思う。

Übung3　次の定冠詞類を格変化させましょう。

1格　dieser Laden 男　　jede Brille 女　　solches Spiel 中　　alle Häuser 複

　　　この店　　　　　　どのメガネも　　　そのようなゲーム　　　すべての家

2格　.................　.................　.................　.................

3格　.................　.................　.................　.................

4格　.................　.................　.................　.................

Übung4　定冠詞類の語尾を入れましょう。

1) A: Welch＿＿＿ Smartphone 中 findest du gut?　　どのスマートフォンをいいと思いますか？

　　B: Dies＿＿＿ Smartphone 中 ist sehr gut.　　このスマートフォンはとても良いです。

　　A: Dann nehme ich dies＿＿＿.　　　　　　　それではこれにします。

2) Jed＿＿＿ Woche 女 schreiben wir einen Test. Aber dies＿＿＿ Woche 女 haben wir keinen Unterricht. Morgen beginnt der Karneval.

　毎週テストがあります。でも今週は授業がありません。明日からカーニバルが始まります。

3) Wir wünschen all＿＿＿ Kindern 複 im Kindergarten ein schönes Wochenende.

　私たちは幼稚園のすべての子供に良い週末を望みます。

<h1 style="text-align:center">今日は月曜日です。</h1>

I 曜日を言いましょう。

 166

月曜日	火曜日	水曜日	木曜日	金曜日	土曜日	日曜日
Montag	Dienstag	Mittwoch	Donnerstag	Freitag	Samstag	Sonntag

1. Heute ist Montag. Morgen（明日）ist _____.

2. Heute ist _____. Morgen ist Samstag.

3. Heute ist Mittwoch. Morgen ist _____.

4. Heute ist Samstag. Übermorgen（明後日）ist _____.

5. Heute ist _____. Übermorgen ist Sonntag.

II 各地の天気を自由に言ってみましょう。

 167

In *Berlin regnet es* .

In *Wien ist es warm* .

Es regnet. Es schneit.

Es ist heiß. Es ist kalt.

Es ist sonnig. Es ist wolkig.

Es ist windig. Es ist neblig.

Wien ウィーン

ウィーンの街並

ウィーン国立歌劇場

ウィーンのカフェ

ベルヴェデーレ宮殿

シュテファン大聖堂

フンデルトヴァッサー・
ハウス

▶ **Wien ウィーン**：オーストリアの首都。中部ヨーロッパの広域を支配したハープスブルク家の帝都でもあり，華やかな宮廷文化を伝える建造物が多い。

▶ **Wiener Altstadt 旧市街のウィーン歴史地区**：ハープスブルク家の居城ホーフブルク宮殿，ウィーン国立歌劇場，ブルク劇場，ベルヴェデーレ宮殿，自然史博物館などが立ち並ぶ。

▶ **Schloss Schönbrunn 離宮シェーンブルン**：歴代ハープスブルク家の君主が離宮として使用した。モーツアルトがマリア・テレジアの前で演奏した鏡の間があることでも有名。現在では一部が賃貸住宅として利用されている。

▶ **Wiener Kaffeehauskultur ウィーンのカフェ文化**：ウィーンに数多くあるコーヒーハウスは，19世紀に文化人や芸術家の交流の場となっていた。最もよく飲まれているコーヒーはメランジュで，水がセットになっている。他の一般店と異なり年中無休。

▶ **Schloss Belvedere ベルヴェデーレ宮殿**：バロック建築の宮殿。併設されているオーストリアギャラリーにはクリムト Klimt の代表作「接吻」やシーレ Schiele の「抱擁」など世紀末美術のコレクションが展示されている。

▶ **Hundertwasserhaus フンデルトヴァッサー・ハウス**：自然と共生するコンセプトをもつ公共住宅。カラフルな外壁，土と草で覆われた屋根，廊下や壁は緩やかに波打っている。

▶ **Stephansdom シュテファン大聖堂**：ウィーンのシンボルでもあるゴシック様式の大聖堂。ハープスブルク家歴代君主の墓所。屋根の片側にはオーストリアの国章とウィーンの紋章，反対側にはハープスブルク家の紋章・双頭の鷹が描かれている。

R と L の発音

1. 次の単語の音声を聞き，続いて発音しましょう。R と L の違いに注意しましょう。

R: reisen 旅行する　reden 語る　Brot パン　Freund 友人　Beruf 職業
L: Lampe 明かり　Laden 店　Glas グラス　Milch 牛乳　Film 映画

🎧 168

2. 次の単語の音声を聞き，続いて発音しましょう。次に聞こえた方の単語にチェックをつけ，続いて発音しましょう。

a) ☐ Reise 旅行 – ☐ leise 小声の　　b) ☐ Schrank タンス – ☐ schlank ほっそりした
c) ☐ Gras 草 – ☐ Glas グラス　　d) ☐ braun 茶色の – ☐ blau 青い

🎧 169

3. 次の語の音声を聞き，続いて発音しましょう。語末・音節末の -r / -er は，軽く「ア」と発音します。

Jahr 年 – Jahre 年 (pl)　　Kellner ウエイター – Kellnerin ウエートレス
Lehrer 教師 – Lehrerin （女性）教師　　studieren 専攻する – er studiert 彼は専攻する
fahren （乗り物で）行く – er fährt 彼は（乗り物で）行く

🎧 170

Ⅰ. 1)〜5) の人たちはインターネットの掲示板でアルバイトや職を探しています。1)〜5) の人の求めている情報を a〜f の中から 1 つ選び,（　　　）に書き入れましょう。

171

1) Jan ist Student und studiert Jura. Er hat nicht so viel Zeit, aber er möchte gern am Abend oder am Wochenende jobben. Sein Hobby ist Auto fahren.

（　　）

2) Herr Schneider spricht viele Sprachen: Englisch, Französisch, Spanisch und Italienisch. Er arbeitet in einem Reisebüro. Er findet seinen Beruf gut. Aber seine Wohnung ist sehr klein und er möchte eine große Wohnung. Er sucht deshalb einen Job in der Nacht. （　　）

3) Elisabeth ist Studentin und kommt aus England. Sie lernt vormittags Deutsch. Nachmittags studiert sie an der Universität. Sie arbeitet einmal die Woche als Kellnerin. Aber sie braucht noch mehr Geld und möchte mehr arbeiten. Sie hat nur sonntags Zeit. （　　）

4) Nicole ist 16 und besucht eine Berufsschule. Sie möchte nur montags und dienstags Praktikum machen, denn sie besucht von Mittwoch bis Freitag die Berufsschule. （　　）

5) Claudia ist Arzthelferin und sucht eine Arbeit. Sie möchte im Stadtzentrum arbeiten, denn sie möchte nicht so weit fahren. （　　）

注
spricht > sprechen 話す，in einem Reisebüro 囲 旅行会社で，sehr klein とても小さい，möchten …したい，am Abend 男 夕方に，eine große Wohnung 囡 大きな住居，in der Nacht 囡 夜に，vormittags 午前中に，nachmittags 午後に，einmal die Woche 囡 週に一度，brauchen 必要である，besuchen 通う，Berufsschule 囡 職業学校，Praktikum 囲 研修，Arzthelferin 囡 医療助手，Stadtzentrum 囲 街の中心，weit 遠く

a. www.cafeTanneamFlughafen.de
Café Tanne am Flughafen sucht eine
freundliche und nette Kellnerin.
Arbeitszeit: sonntags 10 – 16 Uhr.

b. www.Garten-Hotel Hamburg.de
sucht einen Nachtportier von 10 bis
2 Uhr nachts. Gute Englisch- und
Französisch-Kenntnisse erforderlich.

c. www.taxi.com
Wir brauchen dringend
neue Taxifahrer
Arbeitszeit: nur abends oder am Wochenende

d. www.arztpraxis.schmidt.de
sucht Arzthelfer / in
Arztpraxis Frau Dr. Beate Schmidt
Adresse: Stadtzentrum 2

e. www.bilden.co.de
Firma Bilden & Co. sucht Sekretärin
Gute Computer- und Englisch-Kenntnisse
Arbeitszeit: Mo – Fr, 8 – 15 Uhr

f. www.praktikum.de
Praktikant / in 2 mal pro Woche,
2 Stunden für Gärtner / Gärtnerin
Öko-Garten & Co.

注
Flughafen 男 空港，Arbeitszeit 囡 勤務時間，Nachtportier 男 夜勤のフロント係，suchen 捜している，Kenntnisse 復 < Kenntnis 囡 知識，erforderlich 必要な，dringend 早急に，Arztpraxis 囡 診療所，Gärtner 男 庭師，Öko-Garten 男 有機栽培農園

II. Elisabeth さんは広告を見てさっそく電話をかけました。電話の内容をもとに Elisabeth さんの履歴書を完成させましょう。

 172

○ Bäckerei Tanne am Flughafen, guten Tag.

△ Guten Tag. Mein Name ist Elisabeth Smith. Sie suchen eine Kellnerin? Ist die Stelle noch frei?

○ Ja, wir suchen eine Kellnerin, aber nur für sonntags.

△ Sonntags ist O K. Ich komme aus England und bin Engländerin.

○ Und was machen Sie in Deutschland?

△ Ich bin Studentin an der Universität Hamburg und studiere Soziologie.

○ Haben Sie schon Erfahrungen mit der Arbeit?

△ Ich arbeite jeden Donnerstag als Kellnerin bei der Konditorei Hannes.

○ Und wie alt sind Sie?

△ Ich bin 24 Jahre alt.

○ Gut. Wir haben viele Gäste aus der ganzen Welt. Manche sprechen nur Englisch.

△ Ich kann auch Spanisch. Leider kann ich nur ein bisschen Französisch.

○ Das macht nichts. Wann können Sie beginnen?

△ Schon an diesem Sonntag.

注 Stelle 女 ポスト，Erfahrungen 複 > Erfahrung 女 経験，mit der Arbeit 女 仕事で，Konditorei 女 ケーキ屋，Gäste 複 > Gast 男 客，aus der ganzen Welt 女 世界中から，kann > können 〜できる，das macht nichts 構わない，schon もう

Lebenslauf

Name	Elisabeth _____
Geburtsdatum	12.07. _____
Nationalität 国籍	_____
Familienstand 家族関係	ledig 独身
Studium	Universität _____
Studienfach	_____
Berufserfahrung	Kellnerin bei _____
Sprachkenntnisse	Deutsch, Englisch, _____

📖 Thema	余暇活動
📖 Grammatik	動詞の現在人称変化（III）・命令形

Ⅰ 不規則動詞

2人称単数の du と3人称単数（er/sie/es）が主語のとき，語幹の母音（幹母音）が変化する動詞があります。このような動詞を不規則動詞と言います。不規則動詞には大きく分けて，語幹の母音が a → ä に変わるものと，e → i または ie に変わる2つのタイプがあります。

1. a → ä

173

不定形	**fahr**en	（乗り物で）行く	
ich	fahre	wir	fahren
du	**fähr**st	ihr	fahrt
er/sie/es	**fähr**t	sie	fahren
Sie		fahren	

※このタイプの動詞は他に，schlafen（眠る），waschen（洗う），tragen（身につける）等があります。

2. e ˃ i / ie

不定形	**sprech**en	話す		不定形	**les**en	読む	
ich	spreche	wir	sprechen	ich	lese	wir	lesen
du	**sprich**st	ihr	sprecht	du	**lies**t	ihr	lest
er/sie/es	**sprich**t	sie	sprechen	er/sie/es	**lies**t	sie	lesen
Sie		sprechen		Sie		lesen	

※このタイプの動詞は他に，helfen（助ける），essen（食べる），geben（与える），sehen（見る）等があります。

Übung 1 （　　）内の動詞を変化させて入れましょう。

1) Wohin ＿＿＿＿＿ du? (*fahren*)　　　　どこへ行くの？

　 — Ich ＿＿＿＿＿ nach Berlin.　　　　私はベルリンへ行きます。

2) Petra ＿＿＿＿＿ sehr gut Französisch. (*sprechen*)

　　　　　　　　　　　　　　　　　　　ペトラはとても上手にフランス語を話します。

3) ＿＿＿＿＿ Jonas gern? (*lesen*)　　　ヨナスは読書が好きですか？

　 — Nein, er ＿＿＿＿＿ lieber Fußballspiele. (*sehen*)

　　　　　　　　　　　　　　　　　　　いいえ，彼はサッカーの試合を見る方が好きです。

4) Was ＿＿＿＿＿ du gern? (*essen*)　　　君は何を食べるのが好きですか？

　 — Ich ＿＿＿＿＿ gern Pizza.　　　　私はピザが好きです。

★ 注意が必要な不規則動詞

不規則動詞の中でも，nehmen（取る）と wissen（知っている）は特殊な変化になります。

🎧 174

不定形	nehmen 取る			不定形	wissen 知っている		
ich	nehme	wir	nehmen	ich	weiß	wir	wissen
du	nimmst	ihr	nehmt	du	weißt	ihr	wisst
er/sie/es	nimmt	sie	nehmen	er/sie/es	weiß	sie	wissen
Sie	nehmen			Sie	wissen		

Ⅱ 命令形

命令形は，命令もしくは依頼などをするときに用いられます。相手との関係（du 君／ihr 君たち／Sie あなた・あなた方）によって３つの形があります。

🎧 175

		gehen 行く	helfen 助ける	sein 〜である
du に対して	語幹(+e)	Geh(e) !	Hilf mir!	Sei ruhig!
ihr に対して	語幹+t	Geht!	Helft mir!	Seid ruhig!
Sie に対して	語幹+en Sie	Gehen Sie!	Helfen Sie mir!	Seien Sie ruhig!

※1 du に対する命令形では，語幹に -e をつけますが，この -e はしばしば省略されます。

　　Geh(e) nach links!　　　左へ行きなさい。

※2 語幹の e → i/ie に変わる動詞は，du に対する命令形でも幹母音が変化します。語尾の –e はつけません。

　　例）**Sprich** nicht so schnell!　　そんなに速く話さないで。
　　　　Lies das Buch!　　　　　　その本を読んでごらんよ。

Übung2　　動詞 sehen を，du/ihr/Sie それぞれに対する命令形にして入れましょう。

du に対して：＿＿＿＿＿＿＿＿ doch den Film!　　　（君,）その映画を見てごらんよ。

ihr に対して：＿＿＿＿＿＿＿＿ mal den Film!　　　（君たち,）その映画を見てごらんよ。

Sie に対して：＿＿＿＿＿＿＿＿ Sie bitte den Film!　　その映画をご覧になって下さい。

★ 動詞の語幹 + en wir ...! で「〜しましょう」と，誘う表現になります。

Machen wir eine Pause!　　　休憩しましょう。
Trinken wir zusammen Tee!　　一緒にお茶を飲みましょう。

趣味は何ですか？

I それぞれの趣味を右の表現から選び，線で結びましょう。

Daniel ·

· Fußballspiele sehen

Katrin ·

· schlafen

Markus ·

· Picknick machen

Sofia ·

· backen

Herr Meyer ·

· ins Kino gehen

Frau Stifter ·

· Romane lesen

Anja und Martin ·

· reisen

Josef ·

· Fahrrad fahren

II 絵の人物（や犬）がそれぞれ何をするのが好きかドイツ語で質問し，答えましょう。

🎧 176

Was macht Daniel gern? – Er geht gern ins Kino.

Was machen Anja und Martin gern? – Sie _____.

III 例にならって，自分の Partner / Partnerin の趣味を尋ねましょう。

🎧 177

○ Was machen Sie / machst du gern in der Freizeit?　　　※ Freizeit 囡 自由時間

□ Ich lese gern und fahre gern Fahrrad.

ドイツの地理

- ・ドイツの地形は，北部低地帯，中位山地帯，アルプス前縁地帯，ドイツアルプスの四つに区分されます。
- ・北部低地帯は平坦な地形です。東部には氷河湖や湿地帯，沼沢があり，ピクルスの産地としても有名なところや，少数民族のソルブ人が居住している地域もあります。
西部の荒野 Lüneberger Heide には夏にヒース Erika が広がります。
- ・中位山地帯には 500m〜1500m 級の丘陵や森林，盆地があり，西部ではなだらかな山の斜面を利用したワイン栽培が盛んです。ドイツトウヒやもみの木に覆われた「黒い森」Schwarzwald や温泉があり風光明媚な風景が続きます。森林地帯はグリム童話の多くの舞台にもなっています。
- ・アルプス前縁地帯はドイツ南部に広がります。穀物栽培や飼料栽培が盛んな豊かな農業地帯です。
- ・ドイツアルプスはスイスやオーストリアとの国境沿いにあり，2000m 級の山が連なります。急峻な山や透明な湖，岩塩やスキー場として有名です。最高峰は Zugspitze の 2962m。

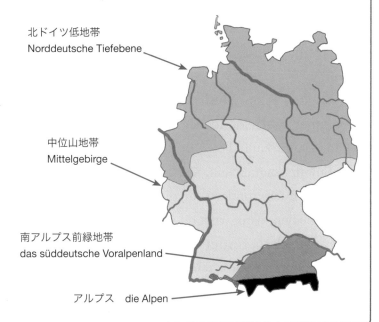

北ドイツ低地帯
Norddeutsche Tiefebene

中位山地帯
Mittelgebirge

南アルプス前縁地帯
das süddeutsche Voralpenland

アルプス　die Alpen

末尾音硬化 Auslautverhärtung

1. 次の単語の音声を聞き，続いて発音しましょう。b, d, g, s は，語末・音節末で無声化して [p, t, k, s] になります。

   b [-p]　halb　半分の　　　　gelb　黄色の
   d [-t]　Kind　子供　　　　　Geld　金
   g [-k]　Tag　日　　　　　　Weg　道
   s [-s]　alles　全て　　　　　Glas　グラス

178

2. b, d, g, s は，母音が続くと [b, d, g, z, v] の有声音になります。赤字に注意して有声音と無声音を発音しましょう。※語末・音節末に子音が続いても無声音のままです。

   1)　schreiben　書く：　Schreiben Sie mir!　　Schreib mir!
   2)　sagen　言う：　　Ich sage es.　　　　　Du sagst es.
   3)　lesen　読む：　　Wir lesen Bücher.　　Karin liest viele Bücher.
   4)　reisen　旅行する：　Sie reisen gern.　　　Thomas reist nach England.
   5)　geben　与える：　Gib mir die Karte!　　Geben Sie mir die Karte!

179

以下は "Heidi"（原作 Johanna Spyri）の一場面です。

Heidi は，Frankfurt の大富豪 Sesemann 家から，スイスのアルプスに帰ってきました。Heidi のおじいさんはもちろん，ヤギ飼い少年の Peter のおばあさんは，快活で素直な Heidi が帰ってきたことを心から喜びます。アルプスに帰ってきた翌日，Heidi はおじいさんと一緒に，Peter の盲目のおばあさんの家を再び訪れます。

Die Großmutter hört Heidis Schritte und fragt: „Kommst du, Heidi? Kommst du wieder?" und fasst Heidis Hand. *Sie* sagt, das Brötchen von Heidi schmeckt gut und *sie* fühlt sich heute sehr wohl. Heidi sagt: „Ich habe eine gute Idee. Ich schreibe Klara* einen Brief. Dann schickt *sie mir* sicher viele Brötchen und du wirst wieder gesund!"

5

Brigitte, Peters Mutter, sagt, „Das ist eine gute Idee; aber denk, die Brötchen werden hart." Heidi überlegt noch eine Weile und sagt fröhlich: „Ich habe sehr viel Geld. Damit kauft Peter Brötchen vom Bäcker im Dorf und bringt *sie dir*!" Die Großmutter sagt: „Nein, nein, Kind. Gib deinem Großvater das Geld! Das Geld ist nicht für mich, sondern für dich." Heidi hört das aber nicht und sagt: „Iss jeden 10 Tag Brötchen, dann wirst du wieder gesund und siehst wieder alles."

Inzwischen findet Heidi das Liederbuch der Großmutter und sagt: „Großmutter, jetzt lese ich für dich ein Lied aus deinem Buch." *Sie* liest *ihr* ein Lied vor. Das Gesicht der Großmutter strahlt vor Freude. Sie bittet Heidi: „Oh, noch einmal, Heidi, lies noch einmal das Lied!" Heidi ist auch froh und beginnt noch 15 einmal das Lied zu lesen.

*Klara：Heidi の友人。Sesemann 家の一人娘。

注

Schritte 複 > Schritt 男 足音，fragen 尋ねる，wieder 再び，fassen つかむ，sagen 言う，Brötchen 中 小型のパン，schmecken （美味しい）味がする，sich wohl fühlen 気分（体調）が良い，heute 今日，Idee 女 アイデア・考え，Brief 男 手紙，sicher きっと，viel たくさんの，gesund 健康に，hart 固い，überlegen よく考える，eine Weile 女 しばらくの間，fröhlich 嬉しそうに，Geld 中 お金，damit それで，Bäcker 男 パン屋，im Dorf 中 村にある，für ... のため，hören 聞く，jeden Tag 男 毎日，alles すべてのもの，inzwischen そうこうするうちに，Liederbuch 中 歌の本，Lied 中 歌，aus deinem Buch 中 あなたの本の中から，liest ... vor (vor|lesen) 読んで聞かせる，Gesicht 中 顔，strahlen 輝く，vor Freude 女 うれしさに，bitten 頼む，noch einmal もう一度，froh 喜んで，beginnen zu ... ～し始める

1. 本文の内容に合えば○を，違っていれば × を入れましょう。

   1) おばあさんは Heidi のパンを食べて体調が良くなったといいました。 （　　）

   2) Heidi は Klara にお金を送ってくれるよう手紙を書くといいました。 （　　）

   3) Heidi は自分のお金をおばあさんのパンを買うために使うといいました。 （　　）

   4) Heidi はパンを食べれば，おばあさんの目は再び見えるようになると思っています。 （　　）

   5) Heidi は字が読めないので，おばあさんに本を読んであげられません。 （　　）

   6) おばあさんは Heidi にもう一度歌を歌ってくれるように頼みました。 （　　）

2. 本文には命令文が４つあります。例にならい，残りの３文を抜粋し，意味を考えましょう。

   例：Denk(, die Brötchen werden hart.)（考えてごらんなさい）

   ・

   ・

   ・

3. 本文中の次の人称代名詞は具体的にどの語の置きかえですか？本文中より語を抜き出して書きましょう。

行 (Zeile)	人称代名詞	語
Z.2	*sie*	die Großmutter
Z.3	*sie*	die Großmutter
Z.4	*sie*	
Z.4	*mir*	
Z.8	*sie*	
Z.8	*dir*	
Z.13	*Sie*	
Z.13	*ihr*	

4. 誰が言ったセリフでしょう？言った人物の名前を書き込みましょう。

〈Heidi, Klara, der Großvater, die Großmutter, Brigitte〉

	Kommst du, Heidi? Kommst du wieder?
	Ich schreibe Klara einen Brief.
	Die Brötchen werden hart.
	Ich habe sehr viel Geld.
	Gib deinem Großvater das Geld!
	Iss jeden Tag Brötchen, dann wirst du wieder gesund.

📖 Thema	日記（アンネの日記）・メール
📖 Grammatik	話法の助動詞・未来形

Ⅰ 話法の助動詞

話法の助動詞は動詞の不定詞とともに使われて，「可能性」「必然性」「義務」「意思」「許可」などを表します。

 181

dürfen　　…してもよい

　　Hier **darf** man nicht fotografieren.　　　　ここで写真を撮ってはいけません。

können　　…できる，…かもしれない

　　Kannst du schwimmen?　　　　　　　　　君は泳げますか？

möchten　　…したい

　　Ich **möchte** Bier trinken.　　　　　　　　私はビールが飲みたい。

müssen　　…ねばならない，…にちがいない

　　Ich **muss** arbeiten.　　　　　　　　　　私は働かなければなりません。

sollen　　…すべきである，…しましょうか，…だそうだ

　　Soll ich das Fenster schließen?　　　　　窓を閉めましょうか？

wollen　　…するつもりである

　　Ich **will** im Sommer nach Deutschland fahren.　私は夏にドイツへ行くつもりです。

mögen　　…かもしれない

　　Es **mag** morgen regnen.　　　　　　　　明日雨が降るかもしれません。

Ⅱ 話法の助動詞の現在人称変化

話法の助動詞の現在人称変化は特別の形をとり，１人称と３人称が同じ形になります。

182

	dürfen	können	müssen	sollen	wollen	mögen	möchten
ich	darf	kann	muss	soll	will	mag	möchte
du	darfst	kannst	musst	sollst	willst	magst	möchtest
er/sie/es	darf	kann	muss	soll	will	mag	möchte
wir	dürfen	können	müssen	sollen	wollen	mögen	möchten
ihr	dürft	könnt	müsst	sollt	wollt	mögt	möchtet
sie	dürfen	können	müssen	sollen	wollen	mögen	möchten
Sie	dürfen	können	müssen	sollen	wollen	mögen	möchten

Übung 1　（　　）内の話法の助動詞を人称変化させて入れましょう。

1) Sie _____ gut kochen.　　　　　　（*können*）　彼女は上手に料理できます。

2) Was _____ Sie im Sommer machen? （*möchten*）　夏に何をしたいですか？

3) Er _____ glücklich sein.　　　　　（*müssen*）　彼は幸せに違いない。

Ⅲ 話法の助動詞の位置

話法の助動詞を定動詞とする文では，文末の不定詞と枠構造を作ります。

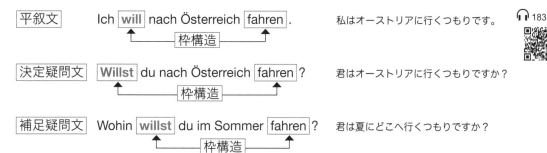

| 平叙文 | Ich **will** nach Österreich **fahren**. | 私はオーストリアに行くつもりです。 |

枠構造

| 決定疑問文 | **Willst** du nach Österreich **fahren**? | 君はオーストリアに行くつもりですか？ |

枠構造

| 補足疑問文 | Wohin **willst** du im Sommer **fahren**? | 君は夏にどこへ行くつもりですか？ |

枠構造

★ 本動詞が容易に推測できる場合，方向を表す前置詞句がある場合などは本動詞なしで用いられることがあります。

    Wir **können** Englisch.   私たちは英語ができます。

    Ich **will** nach Österreich.   私はオーストリアに行くつもりです。

★ 話法の助動詞に準ずる動詞

    知覚動詞 sehen「見る」，hören「聞く」

    Ich **höre** sie singen.   私は彼女が歌うのを聴きます。

    使役の助動詞 lassen「…させる」

    Ich **lasse** mein Fahrrad reparieren.   私は私の自転車を修理してもらいます。

Ⅳ 未来形

werden と不定詞の組み合わせによって作ります。多くの場合，推量を表し，「…だろう／…でしょう」の意味になります。また2人称と用いて「…しなさい」（命令）を表すこともあります。

ich werde ... helfen	wir werden ... helfen
du wirst ... helfen	ihr werdet ... helfen
er wird ... helfen	sie werden ... helfen
Sie werden ... helfen	

Peter **wird** Ihnen helfen.   ペーターはあなたを助けてくれるでしょう。

Ihr **werdet** jetzt schlafen gehen!   おまえたち，もう寝なさい！

Übung2 （   ）の意味になるように werden を用いて文を作りましょう。

1) Meine Mutter kommt bald.

    --（私の母はまもなく来るでしょう。）

2) Wohin fährt Klaus am Wochenende?

    --（クラウスは週末にどこへ行くのですか？）

夏休みにしたいことは？

I 夏休みにしたいことを言いましょう。

1. ein Ferienseminar besuchen

2. zu meinen Eltern fahren

3. Camping machen

4. jobben

5. den Führerschein machen

 185

A: Was möchtest du in den Sommerferien machen?
B: Ich möchte den Führerschein machen. Und du?
A: Ich möchte jobben.

II 公園で禁止されていること，してもよいことをドイツ語で言いましょう。

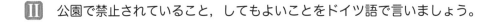

  186

語群： essen, Wasser trinken, telefonieren, Fahrrad fahren,
auf der Wiese sitzen, grillen, joggen,

例： Hier darf man essen.
Hier darf man nicht grillen.

スイス

- スイスの公用語は，ドイツ語，フランス語，イタリア語，レトロマンス語です。ドイツ語を使用する人々は人口の約6割を占めます。スイスは属地主義を取り，各州に言語選択の決定権が与えられています。チューリッヒ，ルツェルンなどの17州ではドイツ語が唯一の公用語です。ベルン，フリブール，ヴァレーの3州ではドイツ語とフランス語が併用され，グラウビュンデン州ではドイツ語，レトロマンス語，イタリア語の3言語を公用語としています。個人にも言語の使用の自由を認めていますので，国，州，個人による言語の自由な選択が保証されています。
スイスの「標準ドイツ語」は，新聞や書籍，教育機関，教会，メディアや議会，公共交通機関で使われます。日常的な場面では「スイスのドイツ語方言」が使われ，「標準ドイツ語」と使い分けられています。
- スイスの地理の約7割が山脈（アルプス山脈・ジュラ山脈）に覆われ，残り3割の地域に経済・産業・政治が集中しています。スイスの工業は，特に精密機械，光学機器などが盛んです。中でも時計製造の技術は，16世紀にフランスから亡命したユグノーがもたらしました。今でもSwatchや高級機械式時計の人気が高いです。
- スイス国防軍は，職業軍人と国民皆兵による徴兵からなります。バチカン市国とローマ教皇は，500年以上も前からスイス衛兵が警護しています。

アルプス

チューリヒの街並

ch の発音

1. 文字 ch には2つの音があります：[ç] と [x] です。次のように区別します：
   - [x]：a, o, u, au の直後　lachen 笑う　kochen 料理する　Kuchen ケーキ
     auch ～もまた
   - [ç]：a, o, u, au 以外　ich 私は　echt 本物の　lächeln 微笑む
     (i, e, ä, ö, ü, 二重母音，語頭，子音の後)　möchten ～したい　Küche キッチン
     leicht 簡単な　China 中国　Milch 牛乳
   - 語末の -ig は [ıç] と発音します：billig 安い　ledig 独身の　richtig 正しい
     wichtig 重要な

187

2. 次の ch は同じ音ですか，違いますか。どちらかをチェックしましょう。続いて発音しましょう。

188

	同じ	違う
1) nicht ～でない – Nacht 夜	☐	☐
2) lachen 笑う – lächeln 微笑む	☐	☐
3) Kuchen ケーキ – kochen 料理する	☐	☐
4) Buch 本 – Bücher 本 (pl)	☐	☐
5) leicht 簡単な – Licht 明かり	☐	☐

Lesen Ⅰ. 『アンネの日記』の文章の一部を読んで問いに答えましょう。

 189

Liebe Kitty!

Eines Tages werden wir bestimmt wieder frei sein. Was machen wir dann?

Margot und Herr van Daan möchten zuerst ein heißes Bad. Die Wanne soll bis oben voll Wasser sein und mindestens eine halbe Stunde wollen sie in der Wanne liegen. Frau van Daan will am liebsten gleich in eine Konditorei gehen und viel Kuchen essen. Herr Dussel will seine Frau wiedersehen. Mutter will so gerne eine Tasse Kaffee trinken. Vater besucht zuerst Herrn Vossen, Peter geht gleich in die Stadt ins Kino und ich??? Was soll ich zuerst machen? Vor Freude tanze ich und dann?

Am meisten möchte ich, dass ich wieder in unserer Wohnung lebe. Dort können wir dann alles tun.

Anne

注

eines Tages 男 いつの日か，bestimmt 絶対に，wieder 再び，frei 自由な，Margot マーゴット（アンネの姉），zuerst まず最初に，Herr van Daan ファン・ダーン氏，ein heißes Bad 中 温かいお風呂，Wanne 女 湯船，voll いっぱいの，mindestens eine halbe Stunde 中 少なくとも半時間，liegen 横になる，am liebsten 一番…したい，gleich すぐに，Konditorei 女 洋菓子店，Kuchen 複 > 男 ケーキ，Herr Dussel ドゥッセル氏，wiedersehen 再会する，Herr Vossen フォッセン氏，am meisten 一番…したい，dann そうしたら

アンネ・フランクは，1929 年にフランクフルトに生まれました。ユダヤ系であったため，ナチズムの迫害から逃れるためにオランダへ移住しましたが，オランダにドイツが侵攻したのち，1942 年7 月から隠れ家生活を余儀なくされました。13 歳の誕生日に父親から贈られた日記帳は，1944 年にゲシュタポに逮捕，連行されるまで綴られており，『アンネの日記』として世界中で読み継がれています。

1. 話法の助動詞が使われている部分に下線を引きましょう。

2. それぞれの人物がしたいと思ったことを日本語で書きましょう。

1. Margot _____

2. Herr van Daan _____

3. Frau van Daan _____

4. Herr Dussel _____

5. Mutter _____

6. Vater _____

7. Peter _____

8. Anne _____

Ⅱ. 次のメールを読んで，リーザがウィーンですることを日本語で挙げましょう。

190

Liebe Aya,

geht's dir gut? Ich habe jetzt Ferien und seit gestern bin ich in Wien. Wien finde ich fantastisch. Hier muss man unbedingt in die Oper gehen. Morgen sehe ich „Der Rosenkavalier" von Richard Strauss. Strauss ist mein Lieblingskomponist.

Ich will auch eine Sachertorte essen und Melange trinken.

Ich möchte einmal mit dir Wien besuchen. Komm wieder nach Deutschland und dann besuchen wir zusammen Wien!

Liebe Grüße

deine Lisa

注 seit gestern きのうから，fantastisch 素晴らしい，unbedingt 絶対に，in die Oper gehen オペラに行く，Der Rosenkavalier ばらの騎士（リヒャルト・シュトラウスのオペラ），Lieblingskomponist 男 お気に入りの作曲家，Sachertorte 女 ザッハートルテ，Melange 女 メランジェ（コーヒーと泡立てた温かい牛乳を半々の割合で入れたもの）

ウィーン国立歌劇場

ザッハートルテ

ウィーンの喫茶店

Thema	祝祭
Grammatik	前置詞・再帰動詞

I 前置詞

前置詞といっしょに使われる名詞は決まった格に変化します。前置詞が名詞の格を決めるので「前置詞の格支配」といいます。

1. 2格支配の前置詞

statt …の代わりに	trotz …にもかかわらず	während …の間	wegen …のために

2. 3格支配の前置詞

aus …の中から	bei …のところで	mit …と一緒に，…で
nach …の後で，…の方へ	seit …以来	von …から，…の	zu …のところへ

3. 4格支配の前置詞

durch …を通って	für …のために	gegen …に対して
ohne …なしに	um …の回りに

4. 3・4格支配の前置詞

an …のきわで / へ	auf …の上で / へ	hinter …の後ろで / へ	in …の中で / へ	neben …の横で / へ
über …の上方で / へ	unter …の下で / へ	vor …の前で / へ	zwischen …の間で / へ

動作が行われている場所を示すには3格支配，移動する方向を示すには4格支配。

3格　Ich bin **in der Stadt** 囡.　　　4格　Ich gehe **in die Stadt** 囡.
　　　私は街にいます。　　　　　　　　　　　　私は街へ行きます。

5. 前置詞と定冠詞の融合形

前置詞と定冠詞には融合形を作るものがあります。強く指示する場合は，融合されません。

am < an + dem　　　beim < bei + dem　　　im < in + dem　　　ins < in + das

vom < von + dem　　　zum < zu + dem　　　zur < zu + der

Am (an+dem) Wochenende(囲・3格) gehen wir ins (in+das) Kino(囲・4格).
　　　週末に私たちは映画館へ行きます。

6. 特定の前置詞とともに使われる動詞があります。

auf+4格 warten: …を待つ　　Wartet ihr **auf das Essen**?　　君たちは食事を待っていますか？

an+4格 denken: …を考える　　Ich denke oft **an meine Kindheit**.

　　　　　　　　　　　　　　　　　　　　　　　　　　　　私はよく子供のときのことを考えます。

nach+3格 fragen:…を尋ねる　　Er fragt **nach dem Preis**.　　彼は値段を尋ねます。

Übung 1　定冠詞を入れましょう。(　　) 内の前置詞は融合形にしましょう。

1) Jeden Tag fährt Elena mit ＿＿＿＿＿＿ Straßenbahn 囡 (zu) ＿＿＿＿＿＿ Schule 囡.
   エレナは毎日トラムで学校に通っています。

2) Klaus geht jetzt (in) ＿＿＿＿＿＿ Büro 囲. (An) ＿＿＿＿＿＿ Nachmittag 團 geht er durch ＿＿＿＿＿＿ Park 團 spazieren.
   クラウスは今からオフィスへ行きます。午後には公園を散歩します。

3) Während ＿＿＿＿＿＿ Ferien 覆 machen wir (an) ＿＿＿＿＿＿ Bodensee 團 Camping.
   休暇中に私たちはボーデン湖でキャンプをします。

II　再帰代名詞・再帰動詞

目的語が主語と同じものを指す代名詞を再帰代名詞といいます。

再帰代名詞：

	私	君	彼	それ	彼女	私たち	君たち	彼ら	あなた(方)
3格	mir	dir	sich	sich	sich	uns	euch	sich	sich
4格	mich	dich	sich	sich	sich	uns	euch	sich	sich

 202

3格の再帰代名詞：Ich wasche **mir** die Haare.　　私は自分の髪を洗います。

4格の再帰代名詞：Ich wasche **mich**.　　　　　　私は自分の体を洗います。

再帰動詞：

　再帰代名詞とともに熟語的に使われる動詞を再帰動詞といいます。

sich⁴ für+4格 interessieren　…に関心がある

　　Interessierst du **dich für** Musik 囡?　　君は音楽に関心がありますか？

sich⁴ über+4格 freuen　…を喜ぶ

　　Er freut **sich über** den Brief 團.　　彼は手紙をよろこびます。

sich⁴ auf+4格 freuen　…を楽しみにしている

　　Er freut **sich auf** die Ferien 覆.　　彼は休暇を楽しみにしています。

sich⁴ an+4格 erinnern　…を覚えている

　　Wir erinnern **uns** gut **an** dich.　　私たちは君のことをよく覚えています。

Übung 2　再帰代名詞を入れましょう。

1) Wir freuen ＿＿＿＿＿＿ sehr auf den Urlaub in der Türkei.
   私たちはトルコでの休暇をとても楽しみにしています。

2) Daniel legt ＿＿＿＿＿＿ gern in der Sonne.
   ダニエルは日光浴をするのが好きです。

3) Nach jedem Essen putzt ＿＿＿＿＿＿ Sabine die Zähne.
   ザビーネは毎食後，歯を磨きます。

誕生日はいつですか？

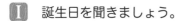

I 誕生日を聞きましょう。

203

A: In welchem Monat hast du Geburtstag?

B: Ich habe im ___*Oktober*___ Geburtstag.

Januar   Februar   März   April   Mai   Juni
Juli   August   September   Oktober   November   Dezember

A: Wann ist dein Geburtstag?

B: Mein Geburtstag ist am ___*zweiten*___ ___*Oktober*___ .

204

1. ersten	11. elften	21. einundzwanzigsten
2. zweiten	12. zwölften	22. zweiundzwanzigsten
3. dritten	13. dreizehnten	23. dreiundzwanzigsten
4. vierten	14. vierzehnten	24. vierundzwanzigsten
5. fünften	15. fünfzehnten	25. fünfundzwanzigsten
6. sechsten	16. sechzehnten	26. sechsundzwanzigsten
7. siebten	17. siebzehnten	27. siebenundzwanzigsten
8. achten	18. achtzehnten	28. achtundzwanzigsten
9. neunten	19. neunzehnten	29. neunundzwanzigsten
10. zehnten	20. zwanzigsten	30. dreißigsten
		31. einunddreißigsten

II ２人はミュンヘンの街を訪れています。どこに行くか会話しましょう。

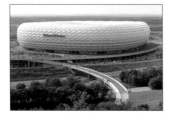
Allianz Arena 女 アリアンツ・アレーナ

Frauenkirche 女 聖母教会

Hofbrauhaus 中 ホフブロイハウス

Rathaus 中 市庁舎

Schloss Nymphenburg 中
ニンフェンブルク城

Staatsoper 女 国立歌劇場

205

A: Wir gehen zuerst zum / zur _____ .

B: Gut. Gehen wir dann zum / zur _____ .

zu + dem 男 中	→ zum
zu + der 女	→ zur

ドイツ語圏の行事

- 聖ニコラウスの日 (Nikolaustag)：12 月 6 日の前夜に靴を外に出しておくと聖ニコラウスが子供たちにお菓子や果物などささやかなプレゼントを入れてくれます。
- 待降節 (Advent)：クリスマスの 4 週間前の日曜日に始まり，クリスマスまで続く，キリストの生誕を祝うために準備をする期間です。クリスマス市が開かれ，人々はクリスマスプレゼントを用意し，アドベントカレンダーを 1 枚ずつめくり，日曜日ごとにアドベントリースに灯すロウソクの数を増やしてクリスマスを待ちます。
- クリスマス (Weihnachten)：12 月 24 日から 25 日，26 日まで祝います。24 日はクリスマスツリーを飾りつけ，ツリーの下に置いたプレゼントを交換し，教会のクリスマスミサに参加します。ガチョウなどのごちそうを食べて家族で祝います。
- 大晦日 (Silvester)：親しい友人と過ごすことが多いです。1 月 1 日午前 0 時に Prosit Neujahr! Frohes neues Jahr! とお祝いし，路上では一斉に花火が打ち上げられます。
- イースター (Ostern)：キリストの復活祭です。卵は春や新しい生命のシンボルを表します。卵の殻に色付けしたり模様を描き，枝に飾ります。ウサギが卵を庭や家の中に隠すとされ，子供たちは復活祭の日に卵を探し回ります。

クリスマス市

イースターエッグ

[pf] [ts] [tʃ] [kv] [ks]

1. 次の語の音声を聞き，続いて発音しましょう。

   [pf] pf： Pfeffer コショウ　Apfel リンゴ　Kopf 頭

   [ts] ts z tz ds t(ion)： nichts 何も…ない　Zimmer 部屋　Katze 猫
   abends 晩に　Tradition 伝統

   [tʃ] tsch： Deutsch ドイツ語　Tschüs バイバイ

   [ks] x gs, ks, chs： Taxi タクシー　Text テキスト　montags 朝に
   links 左に　sechs 6

   [kv] qu： Quadratkilometer 平方キロメートル

    206

2. 次の単語に含まれる赤字はどの音ですか。印をつけましょう。

    207

	ks	kv	ts
1 Qualität 品質	☐	☐	☐
2 mittags 昼に	☐	☐	☐
3 Zeitung 新聞	☐	☐	☐
4 Examen 試験	☐	☐	☐
5 nachts 夜に	☐	☐	☐

ドイツの祝祭について書いてあるテキストを読み，設問に答えましょう。

 208

Advent

Der Advent beginnt am vierten Sonntag vor Weihnachten. Am ersten Adventssonntag zündet man die erste Kerze auf dem Adventskranz an. Zu Hause bäckt man Weihnachtskuchen und Weihnachtsplätzchen.

Kinder bekommen meistens einen Adventskalender. In der Adventszeit besuchen die Leute Weihnachtsmärkte, sie essen Lebkuchen und trinken Glühwein.

 Advent 男 待降節，an|zünden 火をつける（分離動詞；L9 参照），Kerze 女 ろうそく，Adventskranz 男 クリスマスリース，bäckt > backen（お菓子などを）焼く，Weihnachtsplätzchen 複 > 中 クリスマスクッキー，Weihnachtsmärkte 複 > Weihnachtsmarkt 男 クリスマス市，Lebkuchen 複 > 男 香辛料入りのクッキー，Glühwein 男 グリューワイン（香辛料入りのホットワイン）

 209

Nikolaustag

Der Nikolaus ist dem Weihnachtsmann ähnlich. Er ist ein alter Mann mit einem langen weißen Bart und bringt den Kindern kleine Geschenke. Der Nikolaus kommt in der Nacht zum 6. Dezember und bringt den Kindern Süßigkeiten, Früchte, Nüsse und kleine Spielzeuge. Am nächsten Morgen freuen sich die Kinder darüber.

 Weihnachtsmann 男 サンタクロース，ähnlich[3] 〜に似ている，mit einem langen weißen Bart 男 長く白い髭とともに，Süßigkeiten 複 > Süßigkeit 女 お菓子，Früchte 複 > Frucht 女 果物，Nüsse 複 > Nuss 女 ナッツ，Spielzeuge 複 > Spielzeug 中 おもちゃ，am nächsten Morgen 男 翌朝

 210

Weihnachten

Am 24. Dezember, dem Heiligen Abend, schmückt man zu Hause den Weihnachtsbaum. Unter dem Weihnachtsbaum liegen viele Geschenke für die Familie. Viele Menschen gehen in die Kirche. Am ersten und zweiten Weihnachtstag, dem 25. und dem 26. Dezember, besuchen viele Leute ihre Verwandten und Freunde.

 Heiliger Abend 男 クリスマスイブ，schmücken 飾る，Weihnachtsbaum 男 クリスマスツリー，Verwandte 複 親戚

Silvester

211

Man feiert das Ende des Jahres und den Beginn des neuen Jahres meistens mit Freunden. Man trifft sich und feiert zu Hause oder in einem Restaurant. Das Fest beginnt am Abend und endet nach Mitternacht. Genau um Mitternacht stoßen die Leute mit einem Glas Sekt an und wünschen sich alles Gute für das neue Jahr. Gleichzeitig beginnt das Feuerwerk.

注 treffen sich 会う，Mitternacht 女 深夜，genau ちょうど，an|stoßen（グラスを）打ち合せる，Sekt 男 スパークリングワイン，sich³ alles Gute wünschen 幸せを祈る，gleichzeitig 同時に，Feuerwerk 中 花火

Ostern

212

Ostern ist im März oder im April. Man sagt, der Osterhase bringt den Kindern Ostereier und versteckt sie in der Wohnung oder im Garten. Am Ostersonntag suchen die Kinder die Eier. Das Osterfest dauert vier Tage.

注 Ostern 中 イースター，Osterhase 男 イースターのウサギ，Ostereier 復 > Osterei 中 イースターエッグ，verstecken 隠す

1. ①〜⑤の行事に合う単語を a 〜 f の中から選んで線を結びましょう。（複数回答可）

   ① Nikolaustag　② Advent　③ Weihnachten　④ Silvester　⑤ Ostern

   a. Adventskranz　　b. Weihnachtsbaum　　c. Sekt
   　　d. Adventskalender　　　e. Geschenke　　　　f. Eier

2. 本文の内容に合えば○を，違っていれば × を入れましょう。

   1) Der Advent dauert bis Silvester.　　　　　　　　　　　　　　(　)
   2) Man besucht in der Adventszeit Weihnachtsmärkte.　　　　(　)
   3) Der Nikolaus kommt auch an Weihnachten.　　　　　　　　(　)
   4) Der Heilige Abend dauert drei Tage.　　　　　　　　　　　 (　)
   5) Silvester feiert man mit Freunden.　　　　　　　　　　　　 (　)
   6) Der Osterhase bringt den Kindern Ostereier.　　　　　　　 (　)

🎧 **Thema** インタビュー（聖トーマス教会合唱団）
🎧 **Grammatik** 分離動詞・非分離動詞・zu 不定詞句・従属の接続詞

Ⅰ 分離動詞

「分離する前つづり＋基礎動詞」の形をした動詞を分離動詞と呼びます。辞書の見出し語には ab|fahren（出発する）のように前つづりと基礎動詞の間に分離線が入っています。前つづりにアクセントが置かれます。

🎧 213

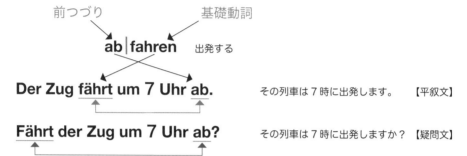

前つづり　　　　　基礎動詞

ab|fahren 出発する

Der Zug fährt um 7 Uhr ab. その列車は 7 時に出発します。 【平叙文】

Fährt der Zug um 7 Uhr ab? その列車は 7 時に出発しますか？ 【疑問文】

Übung1 （　　）内の分離動詞を正しく入れましょう。

1) Er _____ um 6 Uhr _____. （*auf|stehen*） 彼は 6 時に起きます。
2) Ich _____ heute Abend _____. （*fern|sehen*） 私は今晩テレビを見ます。

Ⅱ 非分離動詞

アクセントのない前つづり be-, emp-, ent-, er-, ge-, ver-, zer- をもつ動詞を非分離動詞と呼びます。

🎧 214

Ich besuche eine Kirche. 私はある教会を訪れます。
Die Kleider gefallen mir. それらのドレスを私は気に入っています。

Übung2 （　　）内の非分離動詞を正しく入れましょう。

1) Die Oper _____ um 19 Uhr. （*beginnen*） そのオペラは 19 時に始まります。
2) Das Kind _____ ein bisschen Deutsch. （*verstehen*）
その子供は少しドイツ語を理解します。

Ⅲ zu 不定詞句

1) 主語や述語として：

🎧 215

Deutsch zu lernen ist interessant. ドイツ語を学ぶことは面白いです。

= Es ist interessant, Deutsch zu lernen.

2) 目的語として：

Ich habe vor, im Winter nach Italien zu reisen.

私は冬にイタリアへ旅する計画をしています。

3) 名詞の付加語として：

Hast du am Freitag Zeit, ins Kino zu gehen?

君は金曜日に映画館へ行く時間がありますか？

> 副詞的に：**um ... zu** 不定詞「…するために」
>
> Ich fahre nach Deutschland, um Musik zu studieren.
>
> 私は音楽を学ぶためにドイツへ行きます。
>
> **ohne...zu** 不定詞「…することなく」
>
> Er geht aus, ohne zu essen. 彼は食事をしないで外出します。

Übung3 （　）内の動詞を用いて文を完成させましょう。

1) Es ist schön, mit Freunden zusammen ＿＿＿＿＿. (*sein*)

友人と共にいるのはすてきなことです。

2) Er fährt in die Schweiz, um seinen Onkel ＿＿＿＿＿. (*besuchen*)

彼は伯父を訪ねるためにスイスへ行きます。

3) Ich habe keine Lust, mein Zimmer ＿＿＿＿＿. (*auf｜räumen*)

私は自分の部屋を片づける気がありません。

IV 従属の接続詞

従属の接続詞に導かれる文を副文と呼び，定動詞は文末に置かれます（定動詞後置）。

weil ～なので	dass ～ということ	ob ～かどうか	wenn ～の場合
als ～したとき	obwohl ～にもかかわらず	da ～なので など	

 216

主文　　　　　　　　副文

Du musst fleißig lernen, wenn du die Prüfung bestehen willst.

従属の接続詞　　　　　　　　　　　　　　　　　　文末に定動詞

副文　　　　　　　　主文

Wenn du die Prüfung bestehen willst, musst du fleißig lernen.

試験に合格したいならば，熱心に勉強しなければなりません。

Übung4 適切な従属の接続詞を入れましょう。

1) Er arbeitet, ＿＿＿＿＿ er erkältet ist.

彼は風邪をひいているにもかかわらず仕事をしています。

2) Weißt du, ＿＿＿＿＿ unser Lehrer krank ist?

君は私たちの先生が病気だということを知っていますか？

何時ですか？

217

Wie spät ist es?

Es ist { ein Uhr.
         { eins.

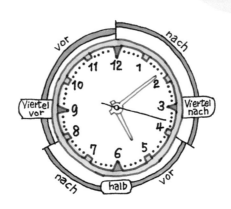

24 時間制		12 時間制	
13 時 00 分	dreizehn Uhr	1 時	eins
13 時 05 分	dreizehn Uhr fünf	1 時 5 分	fünf nach eins
13 時 30 分	dreizehn Uhr dreißig	1 時半	halb zwei
13 時 45 分	dreizehn Uhr fünfundvierzig	1 時 45 分	Viertel vor zwei
14 時 00 分	vierzehn Uhr	2 時	zwei

Ⅱ　例にならって互いに時刻を聞き，日常的な言い方（12 時間制）で答えましょう。

218

○ Wie viel Uhr ist es?　　△ Es ist ...

1) 3.10 Uhr　　　　　　　　　2) 7.50 Uhr

3) 16.15 Uhr　　　　　　　　 4) 19.40 Uhr

5) 2.25 Uhr　　　　　　　　　6) 21.30 Uhr

Ⅲ　次のことはいつしますか。互いに質問し，答えましょう。

例 : auf|stehen　　○ Wann stehst du auf?　　△ Um halb sieben.

219

1) frühstücken

2) von zu Hause los|gehen

3) zu Mittag essen

4) nach Hause zurück|kommen

5) ins Bett gehen

ミュンヘン大学の「白いバラ」

ミュンヘン大学にはショル兄妹広場とフーバー教授広場と名付けられた広場があります。ショル兄妹とフーバー教授は，打倒ヒトラーを呼びかけたミュンヘン大学の学生による抵抗グループ「白バラ」のメンバーでした。彼らはヒトラー政権に疑問を投げかけるビラを作成し，ひそかに配布していました。しかしショル兄妹は 1943 年 2 月 18 日にミュンヘン大学構内でビラを撒いた際に，ゲシュタポ（秘密警察）に逮捕され，3 日間の尋問ののち，2 月 22 日午前に行われた裁判をへてその日のうちに斬首刑となります。「白バラ」グループでは，ショル兄妹のほかにクルト・フーバー教授と三人の学生たちも死刑に処されました。

現在のミュンヘン大学には彼ら6 人と「白バラ」についての記念館があります。2005 年にはゾフィーの最後の 6 日間を描いた映画『白バラの祈り―ゾフィー・ショル，最期の日々』が公開されました。2021 年にはゾフィー・ショル生誕 100 年ということで，バイエルン放送と南西ドイツ放送によってゾフィーの最期の 10 か月間を伝えるインスタグラムのアカウント（@ichbinsophiescholl）も開設されました。

　参考文献：『ミュンヘンの白いバラ』（村上公子，筑摩書房）
　映画『白バラの祈り』パンフレット
　2021 年 7 月 5 日付東愛知新聞

ミュンヘン大学（Geschwister-Scholl-Platz）

語アクセント

語アクセントの音節は，多少強く，長く発音します。アクセントのない音節は，弱く，速く発音します。

1. 次の語を聞き，続いて発音しましょう。 220
   (1) fahren （乗り物で）行く　Fahrer 運転手　Fahrrad 自転車
   (2) bringen 持ってくる　mitbringen 持参する　verbringen 過ごす
   (3) kommen 来る　bekommen もらう　ankommen 到着する
   (4) Restaurant レストラン　Büro オフィス　Friseur 美容師

2. 次の複合語を 2 つの語に分け，分かれるところに縦線を入れましょう。続いて発音しましょう。 221
   例：Wochen|ende 週末
   (1) Wohngemeinschaft シェアハウス
   (2) Stadtzentrum 街の中心地
   (3) Sommerferien 夏休み
   (4) Marktplatz 市場広場
   (5) Lieblingskomponist 好きな作曲家
   (6) Familienstand 配偶関係

ドイツの聖トーマス教会合唱団（der Leipziger Thomanerchor）の団員への
インタビューを読み，設問に答えましょう。

222

Der Leipziger Thomanerchor ist eine Schule für junge Sänger. Seine Konzerte
sind weltbekannt.

1. インタビュー前半

Frage: Wie sieht ein Tag für einen Thomaner aus?

Antwort: Ich stehe immer um sechs Uhr auf. Ich frühstücke, gehe zur Schule,
dann esse ich zu Mittag. Nachmittags gehe ich zu Proben oder wir üben
Gesang, Klavier oder andere Instrumente. Die Proben dauern den ganzen
Nachmittag. Abends hat man dann ein bisschen Zeit für Hausaufgaben.
Und dann geht man ins Bett.

F: Da gibt es keine Zeit für Computerspiele, zum Fernsehen, Schwimmen oder
für Fußball?

A: Doch, nachmittags. Nach den Proben haben wir ein bisschen Zeit
fernzusehen, Computerspiele oder Fußball zu spielen, wenn man will. Es
gibt Wochenenden und Ferien. Man hat genug Zeit.

注

Schule 女 学校，aus｜sehen …のように見える，Thomaner 男 聖トーマス教会合唱団の団員，Proben 複 < Probe
女 リハーサル，Gesang 男 声楽，Klavier 中 ピアノ，irgendein 何らかの，dauern 続く，doch そんなことはない

1) 団員は午前中に何をしますか？

　　_____

2) 団員は午後に何をしますか？

　　_____

3) 団員が自由時間を持てるのはいつですか。

　　_____

4) 団員は自由時間に何をしますか？

　　_____

2. インタビュー後半

F: Der Thomanerchor singt viel Bach, viel alte und moderne Musik. Wer sind 223
deine Lieblingskomponisten?

A: Bach. Johann Sebastian Bach, weil wir regelmäßig Bach singen. Die
Matthäus-Passion, die Johannes-Passion usw. Das macht mir viel Spaß. Ich
versuche jedes Mal, noch besser zu singen.

F: Hast du vor, Musiker zu werden?

A: Nein, gar nicht. Es ist wirklich schwer, Musiker zu werden. Ich bin schon
neun Jahre im Thomanerchor. Aber ich möchte Medizin studieren, um Arzt
zu werden. Musik bleibt mein Hobby.

注

Lieblingskomponisten 複 < Lieblingskomponist 男 お気に入りの作曲家, regelmäßig 定期的に, die Matthäus-
Passion マタイ受難曲, die Johannes-Passion ヨハネ受難曲, noch besser もっと上手に

1) Wer ist sein Lieblingskomponist?

_____

2) Warum mag er diesen Komponisten?

_____

3) Was möchte er später werden?

_____

聖トーマス教会合唱団（Thomanerchor）について

　ライプチヒの聖トーマス教会合唱団および付属学校の起源は，1212年，聖
トーマス教会に学校が併設されたときにさかのぼります。子供たちはここで，
とくに合唱教育を受けました。この学校は，ライプチヒの市民階級の子供たち
に開かれた学校で，ドイツ最古の公立学校でもあります。
　トマーナー（Thomaner）と呼ばれる合唱団員は，寄宿舎で共同生活を営み，
この学校で学んでいます。合唱団の主な活動の場は聖トーマス教会ですが，コ
ンサートツアー，CDやDVDの収録も行われています。2003年に公開された
映画『飛ぶ教室』（エーリヒ・ケストナー原作）の舞台にもなりました。

🔖Thema 　童話「小さい魔女」
🔖Grammatik 　動詞の３基本形（Ⅰ）・過去形・現在完了形

Ⅰ　動詞の３基本形（Ⅰ）

不定形，過去基本形，過去分詞の３つの動詞の形を３基本形といいます。規則動詞と不規則動詞では３基本形の作り方が違います。

規則動詞（弱変化）

224

不定形	過去基本形	過去分詞
語幹 -en	語幹 -te	ge- 語幹 -t
machen する	machte	gemacht
hören 聞く	hörte	gehört
arbeiten 働く	arbeitete*	gearbeitet*

* 語幹が -d や -t で終わる動詞は過去基本形が -ete，過去分詞が ge-et となる。

不規則動詞（強変化）

不定形	過去基本形	過去分詞
語幹 -en	語幹（幹母音が変わる）	ge- 語幹 -en（幹母音が変わることも）
gehen 行く	ging	gegangen
fahren (乗り物で)行く	fuhr	gefahren

不規則動詞（混合変化）

不定形	過去基本形	過去分詞
語幹 -en	語幹 -te（幹母音が変わる）	ge- 語幹 -t（幹母音が変わる）
bringen 持っていく	brachte	gebracht
kennen 知っている	kannte	gekannt

重要な動詞

不定形	過去基本形	過去分詞
sein ある	war	gewesen
haben 持つ	hatte	gehabt
werden なる	wurde	geworden

Übung 1　次の動詞の過去基本形と過去分詞を書きましょう。

不定形	過去基本形	過去分詞
1) lernen　勉強する		
2) schreiben　書く		
3) kommen　来る		

II 過去形

過去の出来事を表すには，過去形と現在完了形が使われます。過去形は主にニュースや物語などで使われ，現在完了形は会話で用いられます。sein, haben, werden, 話法の助動詞では過去形が多く使われます。

 225

不定形	lernen	sein	haben	werden	können	müssen	wollen
過去基本形	lernte	war	hatte	wurde	konnte	musste	wollte
ich -	lernte	war	hatte	wurde	konnte	musste	wollte
du -st	lerntest	warst	hattest	wurdest	konntest	musstest	wolltest
er-/sie-/es-	lernte	war	hatte	wurde	konnte	musste	wollte
wir -(e)n	lernten	waren	hatten	wurden	konnten	mussten	wollten
ihr -t	lerntet	wart	hattet	wurdet	konntet	musstet	wolltet
sie -(e)n	lernten	waren	hatten	wurden	konnten	mussten	wollten
Sie -(e)n	lernten	waren	hatten	wurden	konnten	mussten	wollten

Übung2 （　）内の動詞を過去形に人称変化させましょう。

1) ＿＿＿＿＿＿ Sie schon einmal in Berlin? (*sein*)　　あなたはベルリンにいたことがありますか？

— Ja, ich ＿＿＿＿＿＿ drei Mal da.　　はい，私は3回そこにいたことがあります。

2) ＿＿＿＿＿＿ er gut Japanisch? (*können*)　　彼は日本語が上手でしたか？

— Ja, er ＿＿＿＿＿＿ Japanisch und Spanisch.　　はい，彼は日本語とスペイン語ができました。

III 現在完了形

現在完了形は，haben/sein を人称変化させ，過去分詞を文末に置きます。完了の助動詞に sein を使う場合は，以下の自動詞に限られ，それ以外は haben を使います。

1) 移動を表す動詞　gehen, fahren, kommen など
2) 状態の変化を表す動詞　werden, auf|stehen, ein|schlafen など
3) その他　sein, bleiben など

私は昨日よく寝ました。

私は昨日家にいました。

 226

Übung3　現在完了形を使って Ja で答えましょう。

1) Haben Sie heute Brot zum Frühstück gegessen? — Ja, ＿＿＿＿＿＿ ．
あなたは今日の朝食にパンを食べましたか？

2) Seid ihr gestern ins Kino gegangen? — Ja, ＿＿＿＿＿＿ ．
君たちは昨日映画を見に行きましたか？

3) Hast du schon die Nachricht gehört? — Ja, ＿＿＿＿＿＿ ．
君はもうそのニュースを聞きましたか？

週末は何をしましたか？

I 昨日・週末はどこにいましたか？　お互いに聞きましょう。

227

○ Wo 〔 **waren** Sie 〕 〔 gestern?
　　　　 warst du 〕 〔 am Wochenende?

□ Ich **war** 〔 zu Hause / auf der Uni / in der Stadt / in der Bibliothek /
　　　　　　　 im Museum / in einem Café / im Kino / im Theater /
　　　　　　　 im Kaufhaus / bei meinen Großeltern.

II 昨日・週末・休暇に何をしたか，お互いに尋ねましょう。

228

○ Was 〔 **haben Sie** 〕 〔 gestern
　　　　 hast du 〕 〔 am Wochenende　　**gemacht**?
　　　　　　　　　　　 〔 in den Ferien

□ Ich 〔 **habe** 〕 〔 ins Kino / Konzert / Museum **gegangen**.
　　　 〔 **bin** 〕 〔 Musik **gehört**.
　　　　　　　　　 Deutsch **gelernt**.
　　　　　　　　　 spazieren gegangen. / **essen gegangen**.
　　　　　　　　　 eingekauft.
　　　　　　　　　 ein Buch / Bücher **gelesen**.
　　　　　　　　　 ferngesehen.
　　　　　　　　　 viel **geschlafen**.
　　　　　　　　　 Computerspiele **gespielt**.
　　　　　　　　　 Hausaufgaben **gemacht**.

III 今までの経験について尋ねてみましょう。また例にならって答えましょう。慣れてきたら，下線部の地名や食べ物，名所旧跡を替えて話してみましょう。

229

● Warst du schon einmal in ___*Berlin*___ ?

■ Ja, ich war schon einmal in ___*Berlin*___ . / Nein, ich war noch nie in ___*Berlin*___ .

※ noch nie まだ一度も～ない

● Hast du schon einmal ___*Käsefondue*___ gegessen?

■ Ja, ich habe schon einmal _____ gegessen. / Nein, ich habe noch nie _____ gegessen.

● Hast du schon einmal ___*Schloss Neuschwanstein*___ gesehen?

■ Ja, ich habe schon einmal _____ gesehen. / Nein, ich habe noch nie _____ gesehen.

ドイツ語圏の文学作品

1. ドイツの作家の名前と作品名を線で結びましょう。

1　Otfried Preußler　　　　　　　　a　ファウスト Faust

2　Erich Kästner　　　　　　　　　b　大どろぼうホッツェンプロッツ Der Räuber Hotzenplotz

3　Franz Kafka　　　　　　　　　　c　グリム童話 Kinder- und Hausmärchen

4　Johann Wolfgang von Goethe　　d　変身 Die Verwandlung

5　Michael Ende　　　　　　　　　e　車輪の下 Unterm Rad

6　Hermann Hesse　　　　　　　　f　飛ぶ教室 Das fliegende Klassenzimmer

7　Brüder Grimm　　　　　　　　　g　果てしない物語 Die unendliche Geschichte

2. a ～ g の作品について隣の人と会話しましょう。

A: Hast du schon einmal　*Der Räuber Hotzenplotz*　gelesen?

B: ⎰ Ja, ich habe schon　*Der Räuber Hotzenplotz*　gelesen.

　 ⎱ Nein, ich habe　*Der Räuber Hotzenplotz*　noch nicht gelesen.

A: Wann hast du _____ gelesen?

B: Mit　*zehn*　（年齢）habe ich _____ gelesen.

文アクセント

1. 文には文アクセント（強勢）が1つ置かれます。文アクセント（強勢）の音節は，語アクセントの強さを残し，少し高く（低く）発音します。次の文の音声を聞き，続いて発音しましょう。

(1) Eine Hexe. 魔女　　Eine kleine Hexe. 小さな魔女

(2) Er steht auf. 彼は起きる　　Er kommt an. 彼は到着する

(3) Ich kann es. 私はできる　　Ich kann es machen. 私はそれができる

(4) Gehen wir? 行こうか？　　Gehen wir ins Kino? 映画に行こうか？

(5) Trinkst du Tee? お茶を飲む？　　Trinkst du Tee mit Milch? ミルク入りのお茶を飲む？

2. 赤字の文アクセント（強勢）を含む文を音声に続いて発音しましょう。

例：Thomas macht Urlaub. トーマスは休暇を取る。

(1) Er ist mit seiner Familie in Nizza. 彼は家族とニースにいます。

(2) Hier kann man im Meer schwimmen. ここでは海で泳げます。

(3) Er liegt heute am Strand. 彼は今日海辺で横になっています。

(4) Er liest Bücher. 彼は本を読んでいます。

Die kleine Hexe   Otfried Preußler (1923-2013)

I. 「小さい魔女（die kleine Hexe）」の書き出しを読んで，設問に答えましょう。

233

     Es war einmal eine kleine Hexe, die ^{a)} war erst einhundertsiebenundzwanzig Jahre alt, und das ist ja für eine Hexe noch gar kein Alter. Sie wohnte in einem Hexenhaus, das ^{b)} stand einsam im tiefen Wald.

     Die kleine Hexe besaß einen Raben, der ^{c)} sprechen konnte. Das war der Rabe Abraxas. Er konnte nicht nur „Guten Morgen!" und „Guten Abend!" krächzen wie ein gewöhnlicher Rabe, der ^{d)} sprechen gelernt hat, sondern auch alles andere.

Etwa sechs Stunden am Tag verbrachte die kleine Hexe damit, sich im Hexen zu üben. Das Hexen ist keine einfache Sache. Wer es im Hexen zu etwas bringen will, darf nicht faul sein.

注

es war einmal むかしむかし，Hexe 囡 魔女，gar kein Alter sein あまり年をとっていない，Hexenhaus 由 魔女の家，stand > stehen（建物が）立っている，einsam 寂しく，im tiefen Wald 男 森の奥深くに，besaß > besitzen 飼う，Rabe 男 カラス，krächzen（カラスが）鳴く，gewöhnlich 普通の，verbrachte > verbringen 過ごす，sich³ in³ …üben …の練習をする，Hexen 由 魔法を使うこと，keine einfache Sache 囡 簡単なことではない，wer ～ …している人は皆（不定関係代名詞），es⁴ zu etwas bringen …を成し遂げる，faul 怠ける

1. 下線部の a)～d) は誰のことを指していますか？

    a) _____   b) _____

    c) _____   d) _____

2. 文中の過去形を表に書き入れ，不定形に直しましょう。

過去形	1	2	3 *stand*	4 *besaß*	5	6 *verbrachte*
不定形			*stehen*	*besitzen*		*verbringen*

3. 次の問いに答えましょう。

    1) Wie alt war die kleine Hexe?

    2) Wo wohnte die kleine Hexe?

    3) Wie hieß der Rabe?

    4) Konnte der Rabe sprechen?

    5) Wie lange lernte die kleine Hexe am Tag Hexen?

Ⅱ. **1.** 次の文は，小さい魔女かカラスのアブラクサスのセリフです。下線部に „Hexe" か „Abraxas" のどちらを書きましょう。

Hexe　„Es ärgert mich", sagte die kleine Hexe, „dass heute Walpurgisnacht 🎧234 ist. Heute treffen sich alle Hexen zum Tanz auf dem Blocksberg."

_____　„Na — und?"

_____　„Und ich bin noch zu klein für den Hexentanz, sagen die großen Hexen. Sie wollen nicht, dass ich auch auf den Blocksberg reite und mittanze!"

Der Rabe versuchte die kleine Hexe zu trösten und sagte:

_____　„Sieh mal — mit einhundertsiebenundzwanzig Jahren kannst du noch nicht verlangen, dass dich die großen Hexen für voll nehmen. Wenn du erst älter bist, wird sich das alles geben."

_____　„Ach was!", rief die kleine Hexe. „Ich will aber diesmal schon mit dabei sein! Verstehst du mich?"

注　es ärgert 4格 腹を立てる, Walpurgisnacht 囡 ワルプルギスの夜（4月30日の夜に魔女たちがブロックス山に集結して催す祭りの夜）, Blocksberg 團 ブロックス山, Hexentanz 團 魔女の踊り, reiten（ほうきに）乗る, versuchen しようとする, trösten 慰める, verlangen 求める, voll nehmen 一人前として扱う, älter > alt 年を取る,（das） wird sich das alles geben すべて解決する, rief > rufen 大声で言う, mit dabei sein 一緒にいる, verstehen 分かる

2. a～cの中から答えを1つ選びましょう。

1) Was für ein Tag ist heute?

　　a. Tag des Blockbergs　　b. Walpurgisnacht　　c. Tanzstunde

2) Warum kann die kleine Hexe nicht mittanzen?

　　a. Sie ist zu jung.　　b. Sie ist zu alt.　　c. Sie ist zu groß.

3) Was möchte die kleine Hexe machen?

　　a. Sie möchte reiten.　　b. Sie möchte mit dem Raben zusammen sein.

　　c. Sie möchte mittanzen.

3. 本文の内容に合えば○を，違っていれば×を入れましょう。

1) 今夜魔女たちはブロックス山に集まって踊る。　　　　　　　　　　（　　）

2) ブロックス山はワルプルギスにある。　　　　　　　　　　　　　　（　　）

3) 大きい魔女は，踊りを教えてくれる。　　　　　　　　　　　　　　（　　）

4) 127歳は若すぎる。　　　　　　　　　　　　　　　　　　　　　　（　　）

5) 小さい魔女は今夜ブロックス山に行くつもりである。　　　　　　　（　　）

6) アブラクサスは小さい魔女に若いことは良いことだと言う。　　　　（　　）

	Thema	説明文（HARIBO のクマ型グミ）
	Grammatik	動詞の 3 基本形（Ⅱ）・受動態

Ⅰ 3 基本形（Ⅱ）　注意の必要な過去基本形と過去分詞

🎧235

	規則動詞			不規則動詞		
	不定形	過去基本形	過去分詞	不定形	過去基本形	過去分詞
	kaufen	kaufte	gekauft	kommen	kam	gekommen
分離動詞	ein|kaufen	kaufte...ein	eingekauft	an|kommen	kam...an	angekommen
非分離動詞	verkaufen	verkaufte	verkauft	bekommen	bekam	bekommen

分離動詞が過去形で使われる場合，分離の前綴りが文末にきます。

an\|kommen → 過去基本形 kam...an

ich kam...an	wir kamen...an
du kamst...an	ihr kamt...an
er/sie/es kam...an	sie kamen...an
Sie kamen...an	

Der Zug **kam** um elf Uhr zehn **an**.　　　　その列車は 11 時 10 分に到着しました。

1.　分離動詞の過去分詞
分離動詞の過去分詞は，動詞本体の過去分詞の前に前つづりをつけ，全体を一語として書きます。

an\|rufen（電話する）→ an**gerufen**　　　　auf\|stehen（起きる）→ auf**gestanden**

Ich bin heute morgen um 7 Uhr aufgestanden.　　私は今朝 7 時に起きました。

2.　過去分詞に ge- のつかない動詞
① be-, emp-, ent-, er-, ge-, ver-, zer- など，アクセントのない前つづりをもつ動詞

verkaufen（売る）→ verkauft　　　bekommen（もらう）→ bekommen

Mein Kind hat ein Geschenk bekommen.　　私の子供はプレゼントをもらいました。

② -ieren で終わっている動詞

telefonieren（電話する）→ telefoniert　　　studieren（大学で勉強する）→ studiert

Julia hat mit meiner Schwester telefoniert.　　ユーリアは私の姉と電話しました。

Übung1　現在完了形に書きかえましょう。

　1) Ich nehme an einem Sprachkurs teil.　　私は語学コースに参加します。

　　　→ Ich ＿＿＿＿＿ an einem Sprachkurs ＿＿＿＿＿ .

　2) Viele Touristen besichtigen das Schloss.　　たくさんの観光客がその城を見物します。

　　　→ Viele Touristen ＿＿＿＿＿ das Schloss ＿＿＿＿＿ .

II 受動態

1. 受動態の作り方

受動態は「…される」という文です。

受身の助動詞 werden と過去分詞を用います。

動作主を表すときはおもに von＋3 格を使用します。

werden の用法

①本動詞として「〜になる」（14 頁参照）

②未来・推量の助動詞として（45 頁参照）

③受身の助動詞として

Sie lobt den Schüler.（現在形）　　彼女はその生徒をほめます。

236

Der Schüler wird von ihr gelobt.

Übung2　受動態に書きかえましょう。

1) Er verkauft das Klavier.　　　彼はそのピアノを売ります。

→ Das Klavier ＿＿＿＿＿＿ von ihm ＿＿＿＿＿＿ .

2) Man isst in Japan viel Fisch.　　日本ではたくさん魚を食べます。

→ In Japan ＿＿＿＿＿＿ Fisch viel ＿＿＿＿＿＿ .

2. 受動態の時称

現在：Der Schüler <u>wird</u> von ihr <u>gelobt</u>.

過去：Der Schüler <u>wurde</u> von ihr <u>gelobt</u>.

現在完了：Der Schüler <u>ist</u> von ihr <u>gelobt worden</u>.

注意：受身で用いる完了の助動詞は sein を使います。過去分詞は worden です。

3. 自動詞の受動態

Man fährt in Deutschland rechts.　　ドイツでは右側通行です。

→ Es <u>wird</u> in Deutschland rechts <u>gefahren</u>.

＝ In Deutschland <u>wird</u> rechts <u>gefahren</u>.　　※ es は文頭以外では省略されます。

Übung3　受動態に書きかえましょう。

1) Maria kaufte einen Fernseher.　　マリアはテレビを買いました。（過去形）

→ Ein Fernseher ＿＿＿＿＿＿ von Maria ＿＿＿＿＿＿ .

2) Mozart hat Prag besucht.　　モーツァルトはプラハを訪れました。（現在完了形）

→ Prag ＿＿＿＿＿＿ von Mozart ＿＿＿＿＿＿ .

状態受動：werden のかわりに sein を用いると「…されている」という受身の
状態の表現（状態受動）になります。

Das Museum <u>wird</u> um 17 Uhr <u>geschlossen</u>.　その美術館は 17 時に閉まります。

Das Museum <u>ist</u> heute <u>geschlossen</u>.　　その美術館は今日閉まっています。

観光名所を紹介しましょう。

I 数詞，年号の両方を読みましょう。

🎧 237

1999（数）　　　(ein)tausendneunhundertneunundneunzig
1999（西暦）　　neunzehnhundertneunundneunzig
2022（数・西暦）　zweitausendzweiundzwanzig

＊年号を言いましょう。

1945　　　1989　　　1820　　　2019　　　2006

II どの写真，イラストの説明でしょうか。選びましょう。

🎧 238

1 Salzburg wird von vielen Mozart-Fans geliebt. （　　）
2 Die Berliner Mauer wurde 1989 aufgemacht. （　　）
3 Viele schnelle Autos werden in Deutschland produziert. （　　）
4 Das Schloss Schönbrunn wird von vielen Touristen besucht. （　　）
5 Auf dem Oktoberfest wird Bier viel getrunken. （　　）
6 Die Dresdner Frauenkirche wurde 1945 zerstört. （　　）

a

b

c

d

e

f

III いつ建てられたか聞いて答えましょう。

🎧 239

A: Wann wurde _____ gebaut?
B: *Er / Sie / Es* wurde _____ gebaut.

1 Der Tokyo Tower (1958)　　2 Der Tokyo Skytree (2012)
3 Die Berliner Mauer (1961)　　4 Das Schloss Sanssouci (1747)
5 Die Semperoper (1841)

ドイツ語圏発のブランド

ドイツ・オーストリア発のブランドをいくつ知っていますか？

🎧 240

PORSCHE	FEILER	MEISSEN	BMW

HENCKELS	STAEDTLER	SWAROVSKI	Milka

HARIBO	AIGNER	BREE	RIEDEL

文末イントネーション，文アクセント

1. 文末イントネーションは，文アクセントの位置から文の最後までの高さの変化をいいます。文の最後を下げる下降調，上げる上昇調，そのままか少し上げる平板調の3種を区別します。

🎧 241

Er heißt Th<u>o</u>mas. ➘　　　　　下降調　[平叙文，命令文，補足疑問文]

Er heißt Th<u>o</u>mas? ➚　　　　　上昇調　[決定疑問文，丁寧さを表す]

Er heißt Th<u>o</u>mas..., und ➞　　平板調　[文が終わっていないことを表す]

2. 下線部の文アクセントを少し高くし，文末に向かって徐々に下げましょう。音声に続いて発音しましょう。

🎧 242

誰が？　　Wer?　　　　　Der Sch<u>ü</u>ler wird immer von dem Lehrer gelobt.
誰から？　Von wem?　　Der Schüler wird immer von dem L<u>e</u>hrer gelobt.
いつ？　　Wann?　　　　Der Schüler wird <u>i</u>mmer von dem Lehrer gelobt.

3. どちらかの文が流れます。聞こえた方の文をチェックし，続いて発音しましょう。

🎧 243

① ☐ Maria kaufte <u>zwei</u> Stühle.　　　　☐ Maria kaufte zwei <u>Stühle</u>.
　　　マリアは椅子を2つ買った。
② ☐ Isst man in <u>Japan</u> viel Fisch?　　　☐ Isst man in Japan viel <u>Fisch</u>?
　　　日本では魚がたくさん食べられていますか？
③ ☐ Die Touristen <u>besichtigen</u> das Schloss.　☐ Die Touristen besichtigen das <u>Schloss</u>.
　　　旅行者は城を訪れる。

次の文章は，日本でも人気の高いクマ型の「グミ」についてのものです。文章を読んで設問に答えましょう。

244

Die Geschichte der Gummibärchen ist gleichzeitig die Geschichte der Firma HARIBO. Die Firma wurde von Hans Riegel in Bonn (HARIBO = HAns RIegel, BOnn) gegründet.

Hans wurde am 3. April 1893 geboren. Nach seiner Schulzeit hat er eine Lehre gemacht. Danach gründete er im Jahre 1920 eine Süßwarenfirma und produzierte 5 zuerst einige Süßigkeiten. Zwei Jahre später produzierte Hans Riegel dann den ersten „Tanzbären" aus Fruchtgummi. Er wurde dabei von den Tanzbären inspiriert. Damals haben Bären auf den Märkten getanzt. Im Vergleich zum Gummibärchen heute waren die „Tanzbären" noch sehr groß und schlank. Der Gummibär wurde viel verkauft. Für einen Pfennig bekam man zwei Bären. 10

Im Laufe der Zeit wurde die Firma immer größer. Ende der 1930er Jahre arbeiteten bei HARIBO etwa 400 Leute. Schon fünf Jahre nach dem Ende des Zweiten Weltkriegs waren es etwa tausend Mitarbeiter. In den 50er Jahren wurde der Gummibär klein.

Man kann heute die Gummibärchen in vielen Ländern kaufen, auch in Japan. 15 Sie werden auch von anderen Firmen in ähnlicher Weise kopiert. Alleine in Deutschland werden jährlich etwa 200.000 Tonnen Gummibärchen verkauft.

注

Schulzeit 囡 学校時代，Lehre 囡 見習い，danach そのあとで，gründen 創設する，Süßwarenfirma 囡 製菓会社，produzieren 製造する，Süßigkeiten 複 > Süßigkeit 囡 菓子類，Tanzbären 複 > Tanzbär 團 (年の市などで) ダンスをしてみせる熊，Fruchtgummi 團 フルーツグミ，inspirieren ひらめきを与える，dabei その際，im Vergleich 團 zu ～に比べて，schlank ほっそりした，Pfennig ペニヒ (ドイツの以前の通貨単位)，im Laufe 團 der Zeit 囡 時間が経つとともに，immer größer ますます大きく，alleine ～だけで，Tonnen 複 > Tonne 囡 トン，verkaufen 販売する

1. ＿＿の過去形を不定形にしましょう。

   例：*wurde → werden*

2. ＿＿の過去分詞を不定形にしましょう。

ドイツのグミ

3. 会社の創設者と会社の歴史についてまとめましょう。

① 創設者の名前 _____ 生年月日 _____

② 会社の創設 _____年 社名の由来 _____

③ クマ型グミのヒントとなったものは？ _____

④ 当時のクマ型グミの値段は？ _____

⑤ クマ型グミは最初はどのような名前でしたか？ _____

⑥ 1930 年代と 1950 年の従業員数を書きましょう。

　　　　1930 年代 _____人　1950 年 _____人

4. 文中の受動文を能動文に書きかえましょう。

① Die Firma wurde von Hans Riegel in Bonn gegründet.
Hans Riegel _____

② Er wurde dabei von den Tanzbären inspiriert.
Die Tanzbären _____

③ In Deutschland werden jährlich etwa 200 000 Tonnen Gummibärchen
verkauft.
Man _____

5. 本文の内容に合えば○を，違っていれば×を入れましょう。

1) HARIBO は，会社の創設者の名前に由来している。　　　　　　（　　）

2) 創設者は Hannover に住んでいた。　　　　　　　　　　　　　（　　）

3) クマ型グミが誕生したのは 1893 年である。　　　　　　　　　（　　）

4) 当時のクマ型グミは現在のものよりも小さい。　　　　　　　　（　　）

5) ドイツではグミの売れ行きは落ち込んでいる。　　　　　　　　（　　）

6) ほかの会社も同様のグミを製造している。　　　　　　　　　　（　　）

	Thema	童話『イソップ物語』
	Grammatik	形容詞の変化・比較・関係代名詞

Lektion 12

I 形容詞の変化

形容詞には，① sein や werden などの動詞を補足する「述語的用法」，②動詞を修飾し，動詞の意味する出来事の様態を示す「副詞的用法」，③名詞の前に置かれ名詞の意味を限定する「付加語的用法」があります。

245

① 述語的用法　　Die Schauspielerin ist **schön**.　　その女優は美しい。

② 副詞的用法　　Die Schauspielerin singt **schön**.　　その女優は美しく歌います。

③ 付加語的用法　Da ist eine **schöne** Schauspielerin.　あそこに一人の美しい女優がいます。

ドイツ語では，名詞の前に置かれた形容詞は語尾変化をします。その際に語尾は，名詞の性，数，格を表示します。冠詞，形容詞，名詞の組み合わせによって次の3つのタイプがあります。

1. 形容詞＋名詞

	単数			複数
	男性名詞	女性名詞	中性名詞	
1格	grün**er** Tee	frisch**e** Milch	kalt**es** Bier	warm**e** Getränke
2格	grün**en** Tee**s**	frisch**er** Milch	kalt**en** Bier(e)s	warm**er** Getränke
3格	grün**em** Tee	frisch**er** Milch	kalt**em** Bier	warm**en** Getränke*n*
4格	grün**en** Tee	frisch**e** Milch	kalt**es** Bier	warm**e** Getränke

2. 定冠詞[類]＋形容詞＋名詞　　（定冠詞類→33頁参照）

	単数			複数
	男性名詞	女性名詞	中性名詞	
1格	der gut**e** Mann	die gut**e** Frau	das gut**e** Kind	die gut**en** Kinder
2格	des gut**en** Mann(e)s	der gut**en** Frau	des gut**en** Kind(e)s	der gut**en** Kinder
3格	dem gut**en** Mann	der gut**en** Frau	dem gut**en** Kind	den gut**en** Kinder*n*
4格	den gut**en** Mann	die gut**e** Frau	das gut**e** Kind	die gut**en** Kinder

3. 不定冠詞[類]＋形容詞＋名詞　　（不定冠詞類→32頁参照）

	単数			複数
	男性名詞	女性名詞	中性名詞	
1格	ein gut**er** Mann	eine gut**e** Frau	ein gut**es** Kind	meine gut**en** Kinder
2格	eines gut**en** Mann(e)s	einer gut**en** Frau	eines gut**en** Kind(e)s	meiner gut**en** Kinder
3格	einem gut**en** Mann	einer gut**en** Frau	einem gut**en** Kind	meinen gut**en** Kinder*n*
4格	einen gut**en** Mann	eine gut**e** Frau	ein gut**es** Kind	meine gut**en** Kinder

Ⅱ 形容詞・副詞の比較変化

形容詞・副詞の原級に比較級では -er，最上級では -st をつけます。１音節からなる形容詞・副詞の場合には，比較級・最上級で母音が変音するものがあります。

	原級		比較級（-er）	最上級（-st）
基本	klein	小さな	klein*er*	klein*st-*
	langsam	ゆっくりとした	langsam*er*	langsam*st-*
母音が変音する場合	kalt	冷たい	käl*ter*	kälte*st-*
	groß	大きい	grö*ßer*	größ*t-*
	hoch	高い	höh*er*	höch*st-*
不規則な変化	viel	多くの	mehr	meist-
	gut	良い	besser	best-
	gern	好んで	lieber	liebst-

 246

用法

① so ＋原級＋ wie「…と同じほど～だ」

Er ist **so** alt **wie** mein Bruder.　　　　彼は私の兄（弟）と同じ年です。

② 比較級＋ als「…よりも～だ」

Er ist äl**ter als** ich.　　　　彼は私よりも年上である。

③ der/die/das -ste (am -sten)「一番～だ」

Er ist **der** fleißig**ste**（Schüler）in der Klasse.　　彼はクラスで一番勤勉です。

Er ist **am** fleißig**sten** in der Klasse.

Sie ist **die** fleißig**ste**（Schülerin）in der Klasse.　　彼女はクラスで一番勤勉です。

Sie ist **am** fleißig**sten** in der Klasse.

④ 付加語的用法

原級　　　ein dick**es** Wörterbuch　　厚い辞書

比較　　　ein dick**eres** Wörterbuch　　より厚い辞書

最上級　　das dick**ste** Wörterbuch　　もっとも厚い辞書　　※最上級では基本的に定冠詞を用います。

Ⅲ 関係代名詞

関係代名詞には，先行詞をとる定関係代名詞と，先行詞をとらない不定関係代名詞があります。

1. 定関係代名詞

定関係代名詞の格変化

	男性	女性	中性	複数
1格	der	die	das	die
2格	dessen	deren	dessen	deren
3格	dem	der	dem	denen
4格	den	die	das	die

 247

関係文の構造

先行詞　関係代名詞　　　　　　　　定動詞

Dort ist der Junge, der　aus Deutschland　kommt.　あそこにドイツ出身の若者がいます。

枠構造

関係代名詞の性と数は先行詞に一致し，格は関係文の中の働きによって決まります。
関係文は副文なので定動詞は文末に置かれ，主文と副文との間はコンマで区切ります。

1 格　　Dort ist der Junge, der aus Japan kommt.　　　　　あそこに日本出身の若者がいます。
2 格　　Dort ist der Junge, dessen Vater Arzt ist.　　　　　あそこに父親が医師の若者がいます。
3 格　　Dort ist der Junge, dem ich die Stadt zeigte.　　　　あそこに私が町を案内した若者がいます。
4 格　　Dort ist der Junge, den du suchst.　　　　　　　　あそこに君が探している若者がいます。
前置詞と共に Dort ist der Junge, mit dem ich oft Tennis spiele.

あそこに私がよくテニスをする若者がいます。

※関係代名詞が前置詞と結びついているときは，前置詞が関係代名詞の前に置かれます。

Übung1　関係代名詞を入れましょう。

1) Der Mann, ＿＿＿＿＿＿＿ dort steht, ist mein Lehrer.　そこにいる男性は私の先生です。

2) Dort ist die Studentin, mit ＿＿＿＿＿＿＿ ich oft Tennis spiele.

あそこに，私がよくテニスをする女子学生がいます。

2.　関係副詞 wo
先行詞が場所などを表す場合，関係副詞 wo を用いることもできます。なお，先行詞が地名の場合，必ず関係副詞 wo を用います。

248

Ich fahre heute nach Freiburg, **wo** meine Eltern wohnen.

私は今日両親が暮らすフライブルクに行きます。

3.　不定関係代名詞
wer「…する人」，was「…する事」として用います。格変化は疑問代名詞と同じです。

249

1 格	wer	was
2 格	wessen	—
3 格	wem	—
4 格	wen	was

Wer etwas weiß, soll die Hand heben.
何か知っている者は手をあげなさい。

Was ich gestern gesagt habe, ist falsch.
私が昨日言ったことは間違っています。

先行詞が alles「すべてのもの」，nichts「何も…ない」などの場合，was で受けます。
Ich gebe euch alles , **was** ich habe.　　　　　私の持っているものをすべて君たちにあげます。
Ich vergesse nichts , **was** ich einmal gehört habe.　私は一度聞いたことを忘れません。

比べてみましょう。

Ⅰ 下線部に四角の中から適語を入れ，絵を見ながら，どの人物が誰なのかあててみましょう。

| älter, groß, größer, jüngsten, länger |

🎧 250

Die Haare von Karin sind _____ als die von Claudia.

Claudia ist _____ als Frau Bauer. Frau Bauer ist so

_____ wie Thomas. Herr Müller ist _____

als Thomas. Joachim ist am _____.

( ) Karin

( ) Claudia

( ) Frau Bauer

( ) Thomas

( ) Herr Müller

( ) Joachim

Ⅱ 皆が知っている有名人を 8 人挙げ，自由に比較級・最上級を使って文を作りましょう。

例）Tamori ist älter als Samma Akashiya.

Ⅲ 例にならって以下のものを比べ，ドイツ語で表現しましょう。

例） Japan（377 976km²）> Deutschland（357 578 km²）（groß）

Japan ist größer als Deutschland.

🎧 251

1. der Tokyo Skytree（634 Meter） > der Tokyo Tower（333 Meter）（hoch）

2. die Donau（2857km） > der Rhein（1233km）（lang）

3. die Universität Wien（1365 年創立）> die Universität Heidelberg（1386 年創立）（alt）

IV 下線部に形容詞の語尾を補い，どの記述がどの人物か，名前をあてましょう。

🎧 252

a) Jonas ist ein groß_____ Mann. Er trägt heute einen schwarz_____ Anzug. Er hat ein dick_____ Buch in der link_____ Hand.

b) Nicole ist eine nett_____ Studentin. Sie trägt heute ein neu_____ Kleid und groß_____ Ohrringe. Sie hat eine klein_____ Tasche in der recht_____ Hand.

c) Paul ist ein fleißig_____ Student. Er trägt eine groß_____ Brille. Er hat ein weiß_____ T-Shirt und eine blau_____ Jeans an.

1)

2)

3)

ホーエンシュヴァンガウ城

ドイツのお菓子

・ドイツには行事ごとに食べられるお菓子があります。
—大晦日やカーニバルの季節にはジャムの入ったドーナツ Berliner Pfannkuchen が有名です。地域により Berliner, Pfannkuchen, Krapfen, Kreppel などと呼ばれています。
—クリスマス前の待降節には干しブドウやナッツ，スパイスをふんだんに使ったシュトレン Stollen や，シナモンやクローブなどのスパイスが入ったレープクーヘン Lebkuchen，いろいろなクリスマスクッキー（Plätzchen）が食べられます。

・ドイツのケーキは，材料を混ぜ込んだり載せたりして型や天板などで焼く Kuchen と，焼き上がってからクリームや果物などの飾りつけをするホール型の Torte に分けられます。
ケーキの名前には次のようなものがあります：
・材料名のケーキ：リンゴケーキ Apfelkuchen，チーズケーキ Käsekuchen，チョコレート・ナッツのケーキ Schokoladen-Nuss-Torte，果物ケーキ Obstkuchen など。オニオンケーキ Zwiebelkuchen は，発酵途中の新酒 Federweißer とともに食べられる玉ねぎを使ったケーキです。
・地名や人名のケーキ：Schwarzwälder Kirschtorte 黒い森のサクランボケーキ，オーストリア Linz 地方発祥の Linzertorte，名前 Sacher を由来とする Sachertorte など。

レープクーヘン

シュトレン

感情のイントネーション

1. 次の語をまずは嬉しそうに発音し，次に残念そう／悲しそうに発音しましょう。
   1) Sonne! 太陽　2) Regen! 雨　3) Sonntag! 日曜日　4) Apfelsaft! リンゴジュース

 253

2. 左の文に続く右の文のうち 1)〜2) では嬉しそうに発音し，3)〜4) では残念そう・悲しそうに発音しましょう。

 254

   1) Heute habe ich eine Schokoladentorte gebacken. — Das ist meine Lieblingstorte!
      今日チョコレートケーキを焼きました。— それは私の大好きなケーキです。
   2) Ich habe die Prüfung bestanden! — Das ist ja fantastisch! Herzlichen Glückwünsch!
      試験に合格しました。— それは素晴らしい。おめでとう。
   3) Es dauert zwei Stunden mit dem Zug. — Ach, so lange dauert es mit dem Zug!
      電車で2時間かかります。— 電車でそんなにかかるんですか。
   4) Heute gibt es Fisch zum Abendessen. — Oh, nein. Ich mag keinen Fisch!
      今日の夕食はお魚です。— いやだな。私は魚が嫌いです。

以下はイソップ物語（Fabeln von Äsop）から „Der Hase und die Schildkröte" 『ウサギとカメ』のお話です。読んで設問に答えましょう。

Der Hase konnte sehr schnell laufen und war sehr stolz darauf. Er machte sich immer über die Schildkröte lustig, weil sie sehr langsam war.

Eines Tages sagte die Schildkröte zum Hasen: „Ich glaube, ich kann dich bei einem Wettrennen schlagen. Der Schnellste erreicht nicht immer zuerst das Ziel!"

Der Hase lachte: „Glaubst du wirklich, dass du schneller am Ziel bist als ich? 5 Sehr interessant! Wir können es ja einmal versuchen."

Das Ziel war ein Berg. Der Hase und die Schildkröte begannen zu laufen. Natürlich war der Hase viel schneller als die Schildkröte. Bald kam der Hase fast ans Ziel. Er sah die Schildkröte nicht mehr und meinte: „Ich mache hier eine Pause und warte auf die Schildkröte". Dann schlief er unter einem großen Baum ein. 10

Während der Hase tief schlief, ging die Schildkröte ganz langsam, aber ohne Pause am Hasen vorbei. Nach einer Weile wachte der Hase auf und rannte durchs Ziel. Die Schildkröte war aber schon da.

Die Schildkröte sagte zum Hasen: „Siehst du? Wenn man langsam aber stetig vorangeht, kann man auch ein Wettrennen gewinnen." 1

注 konnte > können …できる, schnell 速く, laufen 走る, stolz auf ~⁴ sein …⁴を自慢している, immer いつも, sich⁴ über ~⁴ lustig machen …⁴をからかう, langsam のろまな・ゆっくりと, eines Tages ある日, Wettrennen 甲 かけっこ, schlagen 打ち負かす, nicht immer 必ずしも…ない, zuerst 最初に・先に, Ziel 甲 目的地, lachen 笑う, glauben 思う, wirklich 本当に, versuchen 試す, Berg 男 山, dort drüben あちらの方の, begann > beginnen zu ~ …し始める, natürlich もちろん, bald 間もなく, fast ほとんど, sah > sehen 見る, nicht mehr もはや…ない, meinen 思う, eine Pause machen 休憩する, warten auf ~⁴ …⁴を待つ, Baum 男 木, schlief ... ein > ein|schlafen 眠り込む, tief 深く, ohne Pause 休むことなく, an ~³ vorbei|gehen …³のかたわらを通り過ぎる, eine Weile しばらくの間, wachte ... auf > auf|wachen 目を覚ます, stetig 絶えず, rannte > rennen 走る, vorangehen 前へ進む, gewinnen 勝つ

1. 本文の中の形容詞を比較級と最上級にしましょう。

形容詞	意味	比較級	最上級
schnell	速い	schneller	schnellst
langsam	遅い		
interessant	面白い		
tief	深い		
groß	大きい		

2. 例にならって，本文から過去形の動詞をいくつか抜き出し，不定形にしましょう。

過去形	意味	不定形
konnte	～できる	können
war	～です	sein
machte	する	machen

3. 本文の内容に合えば○を，違っていれば×を入れましょう。

1) ウサギはとても速く走ることができ，それを自慢していました。　　　　（　　）

2) カメはウサギをいつもからかっていました。　　　　　　　　　　　　　（　　）

3) 「かけっこしたら僕が勝つと思うよ」とウサギは言いました。　　　　　（　　）

4) かけっこのゴールは向うの方にある大きな木でした。　　　　　　　　　（　　）

5) かけっこで，最初はカメが勝っていました。　　　　　　　　　　　　　（　　）

6) カメは途中で居眠りしてしまいました。　　　　　　　　　　　　　　　（　　）

7) ウサギはカメにかけっこで負けてしまいました。　　　　　　　　　　　（　　）

文法の補遺

Ⅰ．2格

名詞の格は冠詞（類）によってあらわされ、2格は「～の」という意味になります。また、男性・中性の名詞には語尾 -(e)s が付きます。

	m	f	n	pl
定冠詞	des Mann**es**	der Frau	des Kind**es**	der Leute
不定冠詞	eines Mann**es**	einer Frau	eines Kind**es**	— Leute
所有冠詞	meines Mann**es**	meiner Frau	meines Kind**es**	meiner Leute
否定冠詞	keines Mann**es**	keiner Frau	keines Kind**es**	keiner Leute

Das ist das Fahrrad **meines** Kindes.　　これが私の子供の自転車です。

Ⅱ．形容詞

形容詞が付加語として用いられる場合、形容詞の語尾は人称変化します。形容詞の語尾は、冠詞類の種類・有無によって3つのタイプに分かれます。

1）定冠詞（類）＋**形容詞**＋名詞

	m	f	n	pl
1格	der nette Mann	die nette Frau	das kleine Kind	die netten Leute
2格	des netten Mann**es**	der netten Frau	des kleinen Kind**es**	der netten Leute
3格	dem netten Mann	der netten Frau	dem kleinen Kind	den netten Leute**n**
4格	den netten Mann	die nette Frau	das kleine Kind	die netten Leute

Ich trage heute den **blauen** Pullover.　　今日私はブルーのセーターを着ます。

2）不定冠詞（類）＋**形容詞**＋名詞

	m	f	n	pl
1格	ein netter Freund	eine nette Freundin	ein kleines Kind	nette Freunde
2格	eines netten Freund**es**	einer netten Freundin	eines kleinen Kind**es**	netter Freunde
3格	einem netten Freund	einer netten Freundin	einem kleinen Kind	netten Freunde**n**
4格	einen netten Freund	eine nette Freundin	ein kleines Kind	nette Freunde

Er ist ein **netter** Mann.　　彼は親切な男性です。

3) 形容詞＋名詞

	m	f	n	pl
1格	guter Wein	frische Milch	helles Bier	gute Brote
2格	guten Weins	frischer Milch	hellen Bieres	guter Brote
3格	gutem Wein	frischer Milch	hellem Bier	guten Broten
4格	guten Wein	frische Milch	helles Bier	gute Brote

Ich trinke gern **starken** Kaffee.　　私は濃いコーヒーを飲むのが好きです。

Ⅲ．関係代名詞

1. 定関係代名詞の格変化は、1格・4格と単数形3格では定冠詞の変化と同じですが、2格と複数形3格だけ特殊な形を使います。

	m	f	n	pl
1格	der	die	das	die
2格	dessen	deren	dessen	deren
3格	dem	der	dem	denen
4格	den	die	das	die

2. 定関係代名詞は、性・数を先行詞に一致させますが、格は、関係文中の役割によって決まります。関係文中の定動詞（主語に合わせて変化する動詞）は、文末に置きます。関係文は、コンマでくくります。

関係代名詞：関係文では1格（主語）
⇒ 男性・単数・1格の der

Der Mann, der dort sitzt, ist Herr Schmidt.　　あそこに座っている男性がシュミットさんです。

先行詞：男性・単数
動詞は文末
コンマでくくる

Die Frau, die du begrüßen wolltest, heißt Sabine Meyer.
　あなたが挨拶をしようとしていた女性の名前はザビーネ・マイヤーです。

Das Kind, dem du das Buch gegeben hast, ist mein Bruder.
　君が本をあげた子供は、私の弟です。

IV. 未来形

未来形は、 助動詞 werden＋不定形 によって表されます。werden は主語に合わせて人称変化し、不定形は、文末に置きます。

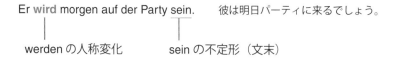

Er **wird** morgen auf der Party sein. 　　　彼は明日パーティに来るでしょう。

　　　werden の人称変化　　　　sein の不定形（文末）

V. 受動態

受動態は、 助動詞 werden＋動詞の過去分詞 によって表されます。werden は主語に合わせて人称変化し、過去分詞は、文末に置きます。

能動態：Anna fotografiert das Bild. 　　　　　　アンナは絵の写真を撮る。

受動態：Das Bild **wird** von Anna fotografiert. 　　　絵はアンナによって撮影される。

　　　werden の人称変化　　　fotografieren の過去分詞（文末）

受動態・現在形　　　：Das Haus **wird** gebaut. 　　　　家が建てられる。
　　　過去形　　　：Das Haus **wurde** gebaut. 　　　家が建てられた。
　　　現在完了形：Das Haus **ist** gebaut worden. 　　家が建てられた。

VI. 接続法

接続法には第Ⅰ式と第Ⅱ式があります。基本形は第Ⅰ式と第Ⅱ式で異なりますが、語尾は両方とも同じです。

第Ⅰ式：動詞の語幹＋e を基本形として語尾を加えます。規則的に変化しますが、sein は例外です。

不定形		lernen	fahren	haben	sein
接続法第Ⅰ式　基本形		lerne	fahre	habe	sei
ich	−	lerne	fahre	habe	sei
du	− st	lernest	fahrest	habest	seiest
er/sie/es	−	lerne	fahre	habe	sei
wir	− n	lernen	fahren	haben	seien
ihr	− t	lernet	fahret	habet	seiet
sie	− n	lernen	fahren	haben	seien
Sie	− n	lernen	fahren	haben	seien

接続法第 II 式：過去基本形をもとに、接続法第 I 式と同じ語尾をつけます。

規則動詞の場合、直説法過去形と同じ形になります。不規則動詞では、過去基本形＋e にし、幹母音（a, o, u）が変音します（ä, ö, ü）。

不定形		lernen	fahren	haben	sein	werden	können
過去基本形		lernte	fuhr	hatte	war	wurde	konnte
接続法第 II 式　基本形		lernte	führe	hätte	wäre	würde	könnte
ich	—	lernte	führe	hätte	wäre	würde	könnte
du	— st	lerntest	führest	hättest	wärest	würdest	könntest
er / sie / es	—	lernte	führe	hätte	wäre	würde	könnte
wir	— n	lernten	führen	hätten	wären	würden	könnten
ihr	— t	lerntet	führet	hättet	wäret	würdet	könntet
sie	— n	lernten	führen	hätten	wären	würden	könnten
Sie	— n	lernten	führen	hätten	wären	würden	könnten

用法

接続法第 I 式：

1. 要求話法

Gott **sei** Dank!　　　　　　　　ああ、よかった！

Man **nehme** täglich 2 Tabletten.　　一日 2 錠服用すること。

2. 間接話法（接続法第 I 式または第 II 式）

Er sagte uns, er **fahre** nach Berlin.　彼はベルリンに行くと私たちに言った。

Er fragte mich, ob ich Zeit **hätte**.　彼は時間があるかと私に尋ねた。

接続法第 II 式：

1. 非現実話法

Wenn er gut singen **könnte**, **würde** er Sänger **werden**.

もし彼の歌が上手だったら歌手になるだろう。

2. ていねいな言い方

Könnten Sie mir sagen, wo der Bahnhof ist?

どこに駅があるか教えていただけませんか。

Was **möchten** Sie? — Ich **hätte** gern Käse.

何にいたしましょう。— チーズをください。

月名

Januar	1 月	Juli	7 月
Februar	2 月	August	8 月
März	3 月	September	9 月
April	4 月	Oktober	10 月
Mai	5 月	November	11 月
Juni	6 月	Dezember	12 月

※ 月名は全て男性名詞

数詞

0	null	10	zehn	20	**zwanzig**
1	eins	11	**elf**	21	einundzwanzig
2	zwei	12	**zwölf**	22	zweiundzwanzig
3	drei	13	dreizehn	23	dreiundzwanzig
4	vier	14	vierzehn	24	vierundzwanzig
5	fünf	15	fünfzehn	25	fünfundzwanzig
6	sechs	16	**sech**zehn	26	sechsundzwanzig
7	sieben	17	**sieb**zehn	27	siebenundzwanzig
8	acht	18	achtzehn	28	achtundzwanzig
9	neun	19	neunzehn	29	neunundzwanzig

30	dreißig	40	vierzig	50	fünfzig	60	**sech**zig	70	**sieb**zig
80	achtzig	90	neunzig						

100	(ein)hundert	101	(ein)hunderteins	200	zweihundert
300	dreihundert	1 000	tausend	2 000	zweitausend

10 000	zehntausend				
100 000	hunderttausend	1 000 000	eine Million	2 000 000	zwei Millionen

著者紹介

新 倉 真矢子	國學院大学教授，上智大学名誉教授
亀ヶ谷 昌 秀	中央大学非常勤講師
正 木 晶 子	上智大学准教授
中 野 有希子	武蔵野音楽大学講師

ゲナウ！ レーゼン ノイ

2022 年 3 月 25 日　初版印刷
2022 年 3 月 31 日　初版発行

著 者　新倉　真矢子
にいくら　まさやこ
　　　　亀ヶ谷　昌秀
かめがや　まさき
　　　　正木　晶子
まさき　あきこ
　　　　中野　有希子
なかの　ゆきこ

発行者　柏倉健介
印刷所　幸和印刷株式会社

発行所　㈱郁文堂

〒 113-0033 東京都文京区本郷 5-30-21
Tel. 03-3814-5571 振替 00170-9-452287

落丁・乱丁本はお取り替えいたします。

Printed in Japan
ISBN978-4-261-01277-4

好評 ドイツ語参考書

【ドイツ語文法一覧 】

動詞の現在人称変化

ich	wohne	wir	wohnen
du	wohnst	ihr	wohnt
er/sie/es	wohnt	sie	wohnen
Sie		wohnen	

ich	bin	wir	sind
du	bist	ihr	seid
er/sie/es	ist	sie	sind
Sie		sind	

ich	habe	wir	haben
du	hast	ihr	habt
er/sie/es	hat	sie	haben
Sie		haben	

動詞の過去人称変化

ich	wohnte	wir	wohnten
du	wohntest	ihr	wohntet
er/sie/es	wohnte	sie	wohnten
Sie		wohnten	

ich	war	wir	waren
du	warst	ihr	wart
er/sie/es	war	sie	waren
Sie		waren	

ich	hatte	wir	hatten
du	hattest	ihr	hattet
er/sie/es	hatte	sie	hatten
Sie		hatten	

話法の助動詞の現在人称変化

	dürfen	können	müssen	sollen	wollen	mögen	möchten
ich	darf	kann	muss	soll	will	mag	möchte
du	darfst	kannst	musst	sollst	willst	magst	möchtest
er/sie/es	darf	kann	muss	soll	will	mag	möchte

※主語が wir/ihr/sie/Sie の時は、規則変化と同じ

動詞の３基本形

規則変化動詞

不定形	過去基本形	過去分詞形
lernen	lernte	gelernt
wohnen	wohnte	gewohnt
arbeiten	arbeitete	gearbeitet

不規則変化動詞

不定形	過去基本形	過去分詞形
kommen	kam	gekommen
gehen	ging	gegangen
wissen	wusste	gewusst

sein, haben, werden の３基本形

不定形	過去基本形	過去分詞形
sein	war	gewesen
haben	hatte	gehabt
werden	wurde	geworden

接続法第Ⅰ式

ich	komme	wir	kommen
du	kommest	ihr	kommet
er/sie/es	komme	sie	kommen
Sie		kommen	

接続法第Ⅱ式

ich	wohnte	wir	wohnten
du	wohntest	ihr	wohntet
er/sie/es	wohnte	sie	wohnten
Sie		wohnten	

Genau! Lesen neu

別冊単語集

新倉真矢子／亀ヶ谷昌秀／正木晶子／中野有希子 共著

第三書房

【A】

Abend 男 単²-s / 複-e 夕方

関連語 am Abend 夕方に
Abendessen 中 夕食
abends 副 晩に

aber 接 しかし

ab|fahren 動 出発する

現在	ich	fahre	... ab	wir	fahren	... ab
	du	**fährst**	... ab	ihr	fahrt	... ab
	er	**fährt**	... ab	sie	fahren	... ab
			Sie fahren ... ab			
過去	ich	**fuhr**	... ab	wir	fuhren	... ab
	du	fuhrst	... ab	ihr	fuhrt	... ab
	er	fuhr	... ab	sie	fuhren	... ab
			Sie fuhren ... ab			
過分	**abgefahren**（sein 支配）					

abgerissen → ab|reißen の過去分詞

ab|reißen 動 …⁴を取り壊す

ab|schmecken 動 …⁴の味付けをする

Adresse 女 / 複-n 住所

Advent 男 単²-[e]s / 複-e 待降節

関連語 Adventskalender 男 待降節カレンダー
Adventskranz 男 待降節のリース
Adventszeit 女 待降節の時期

ähnlich 比 ähnlicher 最 ähnlichst 形 …³に似ている

allein 副 ただ…だけ

alleine → allein

aller 冠 すべての

	男	女	中	複
1格	aller	alle	alles	alle
2格	alles	aller	alles	aller
3格	allem	aller	allem	allen
4格	allen	alle	alles	alle

alles 代 すべて

als 接 （比較級と）…よりも，…として

alt 比 älter 最 ältest 形 古い，年取った ⇔ neu, jung

Alter 中 単²-s / 複- 年齢

älter → alt の比較級

am → an + dem の融合形

Amerikaner 男 単²-s / 複- アメリカ人

Amerikanerin 女 / 複-nen （女性の）アメリカ人

amtlich 形 公の

Amtssprache 女 / 複-n 公用語

an 前 3・4格支配 …のきわで・へ

ander 形 他の

angekommen → an|kommen の過去分詞

angerufen → an|rufen の過去分詞

Angestellte 男 女 《形容詞変化》 会社員

an|kommen 動 到着する

現在	ich	komme	... an	wir	kommen	... an
	du	kommst	... an	ihr	kommt	... an
	er	kommt	... an	sie	kommen	... an
			Sie kommen ... an			
過去	ich	**kam**	... an	wir	kamen	... an
	du	kamst	... an	ihr	kamt	... an
	er	kam	... an	sie	kamen	... an
			Sie kamen ... an			
過分	**angekommen**（sein 支配）					

an|rufen 動 …⁴に電話をかける

現在	ich	rufe	... an	wir	rufen	... an
	du	rufst	... an	ihr	ruft	... an
	er	ruft	... an	sie	rufen	... an
			Sie rufen ... an			
過去	ich	**rief**	... an	wir	riefen	... an
	du	riefst	... an	ihr	rieft	... an
	er	rief	... an	sie	riefen	... an
			Sie riefen ... an			
過分	**angerufen**（haben 支配）					

ans → an + das の融合形

an|stoßen 動 グラスを打ち合わせる

an|zünden 動 …⁴に火をつける

Anzug 男 単²-[e]s / 複...züge スーツ

Apfel 男 リンゴ

	単 数		複 数	
1格	der	Apfel	die	Äpfel
2格	des	Apfels	der	Äpfel
3格	dem	Apfel	den	Äpfeln
4格	den	Apfel	die	Äpfel

Apfelsaft 男 単²-[e]s / 複-säfte リンゴジュース

Apotheke 女 / 複-n 薬局

Aprikosenmarmelade 女 / 複-n あんずジャム

April 男 単²-[s] / 複-e 4月

Arbeit 女 / 複-en 仕事

arbeiten 動 働く

現在	ich	arbeite		wir	arbeiten
	du	**arbeitest**		ihr	**arbeitet**
	er	**arbeitet**		sie	arbeiten
		Sie	arbeiten		
過去	arbeit**ete**		過分	**gearbeitet** (haben 支配)	

arbeitete → arbeiten の過去基本形

Arbeitszeit 女 / 複 -en 勤務時間

ärgern 動 再 [sich⁴] 腹を立てる

Arzt 男 医者

	単 数		複 数	
1格	der	Arzt	die	Ärzte
2格	des	Arztes	der	Ärzte
3格	dem	Arzt	den	Ärzten
4格	den	Arzt	die	Ärzte

関連語 Ärztin 女 （女性の)医者

Arzthelfer 男 医療助手

Arzthelferin 女 （女性の)医療助手

Arztpraxis 女 診療所

auch 副 …も

auf 前 3・4格支配 …の上で・へ

aufgestanden → auf|stehen の過去分詞

auf|machen 動 …⁴を開ける

現在	ich	mache	... auf	wir	machen	... auf
	du	machst	... auf	ihr	macht	... auf
	er	macht	... auf	sie	machen	... auf
			Sie machen ... auf			
過去	mach**te** auf		過分	**aufgemacht** (haben 支配)		

auf|räumen 動 …⁴を片付ける

auf|stehen 動 起きる

現在	ich	stehe	... auf	wir	stehen	... auf
	du	stehst	... auf	ihr	steht	... auf
	er	steht	... auf	sie	stehen	... auf
			Sie stehen ... auf			
過去	ich	**stand**	... auf	wir	standen	... auf
	du	stand[e]st	... auf	ihr	standet	... auf
	er	stand	... auf	sie	standen	... auf
			Sie standen ... auf			
過分	**aufgestanden** (sein 支配)					

auf|wachen 動 再 [sich⁴] 目を覚ます

Augsburg （都市名)アウグスブルク

August 男 単² -[e]s / 複 -e 8月

aus 前 3格支配 …(の中)から

Ausflug 男 単² -[e]s / 複 ... flüge ハイキング

Ausland 中 単² -[e]s 外国

◇ im Ausland 外国で

aus|sehen 動 （…のように)見える

Auto 中 車

	単 数		複 数	
1格	das	Auto	die	Autos
2格	des	Autos	der	Autos
3格	dem	Auto	den	Autos
4格	das	Auto	die	Autos

◇ Auto fahren ドライブする

◇ mit dem Auto fahren 車で行く

【B】

Bach 男 単² -[e]s / 複 Bäche 小川

backen 動 （お菓子などを)焼く

Bäcker 男 単² -s / 複 - パン屋，パン職人

Bäckerei 女 / 複 -en パン屋

Backpulver 中 単² -s / 複 - ベーキングパウダー

Bad 中 単² -[e]s / 複 Bäder お風呂

Badehose 女 / 複 -n 水着

Bahn 女 / 複 -en 電車

bald 比 eher 最 am ehesten 副 まもなく

Banane 女 バナナ

	単 数		複 数	
1格	die	Banane	die	Bananen
2格	der	Banane	der	Bananen
3格	der	Banane	den	Bananen
4格	die	Banane	die	Bananen

Bank 女 / 複 -en 銀行

Bär 男 単² -en / 複 -en クマ

Bart 男 単² -[e]s / 複 Bärte 髭

Basketball 男 単² -[e]s / 複 Basketbälle バスケットボール

◇ Basketball spielen バスケットボールをする

bauen 動 …⁴を建てる

現在	ich	baue		wir	bauen
	du	baust		ihr	baut
	er	baut		sie	bauen
		Sie	bauen		
過去	baute	過分	**gebaut** (haben 支配)		

Baum 男 単² -[e]s / 複 Bäume 木

Bäume → Baum の複数形

Becher 男 単² -s / 複 - カップ

Beet 中 単² -[e]s / 複 -e 花壇

beginnen 過去 begann 過分 begonnen (h) 動 始める，始まる

bei 前 [3格支配] …のところで

beim → bei + dem の融合形

beißen 動 噛む

bekommen 過去 bekam 過分 bekommen (h) 動
…⁴をもらう

Belgien 中 (国名)ベルギー

Berg 男 単² -es / 複 -e 山

Berlin (都市名)ベルリン

Bern (都市名)ベルン

Beruf 男 単² -[e]s / 複 -e 職業

関連語 Berufserfahrung 女 職業経験
Berufsschule 女 職業学校

besichtigen 動 …⁴を見物する

besitzen 過去 besaß 過分 besessen (h) 動 …⁴を
所有している

besonders 副 特に

besorgen 動 …⁴を調達する

besser → gut の比較級

best → gut の最上級

bestehen 過去 bestand 過分 bestanden (h) 動 …⁴
に合格する

besuchen 動 …⁴に通う，訪ねる

現在	ich	besuche	wir	besuchen
	du	besuchst	ihr	besucht
	er	besucht	sie	besuchen
		Sie besuchen		
過去 besuchte		過分 besucht (haben支配)		

Bett 中 単² -[e]s / 複 -en ベッド
◇ ins Bett gehen 寝る

Bayern (州名)バイエルン

Bier 中 単² -[e]s / 複 -e ビール

Bild 中 単² -[e]s / 複 -er 絵

billig 比 billiger 最 billigst 形 安い ⇔ teuer

Biologie 女 生物学

bis 前 [4格支配] …まで

bisschen 副 少し
◇ ein bisschen 少しの

bitte 間 どうぞ

bitten 動 …⁴に頼む

現在	ich	bitte	wir	bitten
	du	**bittest**	ihr	**bittet**
	er	**bittet**	sie	bitten
		Sie bitten		
過去 **bat**		過分 **gebeten** (haben支配)		

blau 形 青い

bleiben 動 とどまる

現在	ich	bleibe	wir	bleiben
	du	bleibst	ihr	bleibt
	er	bleibt	sie	bleiben
		Sie bleiben		
過去 **blieb**		過分 **geblieben** (sein支配)		
命令	du→bleib(e)! ihr→bleibt! Sie→bleiben Sie!			

Bleistift 男 単² -[e]s / 複 -e 鉛筆

Blume 女 / 複 -n 花

Bodensee 男 (湖名)ボーデン湖

Bonn (都市名)ボン

Boot 中 単² -[e]s / 複 -e ボート

Bratwurst 女 / 複 …würste 焼きソーセージ

braun 形 茶色の

brauchen 動 必要とする

Brezel 女 / 複 -n ブレーツェル

Brief 男 単² -[e]s / 複 -e 手紙

Briefträger 男 単² -s / 複 - 郵便配達員

Brille 女 / 複 -n メガネ

bringen 動 …⁴を持っていく

現在	ich	bringe	wir	bringen
	du	bringst	ihr	bringt
	er	bringt	sie	bringen
		Sie bringen		
過去 **brachte**		過分 **gebracht** (haben支配)		

Brot 中 パン

	単 数		複 数	
1格	das	Brot	die	Brote
2格	des	Brot(e)s	der	Brote
3格	dem	Brot	den	Broten
4格	das	Brot	die	Brote

Brötchen 中 単² -s / 複 - 小型のパン

Bruder 男 単² -s / 複 Brüder 兄(弟)

Brühe 女 / 複 -n ブイヨン

Buch 中 本

	単 数		複 数	
1格	das	Buch	die	Bücher
2格	des	Buch(e)s	der	Bücher
3格	dem	Buch	den	Büchern
4格	das	Buch	die	Bücher

Bücher → Buch の複数形

Buchhandlung 女 / 複 -en 本屋

Büro 中 単² -s / 複 -s オフィス

Bundesrepublik 女 / (複数なし) 連邦共和国

Bus 男 単² -ses / 複 -se バス

Butter 囡 /（複数なし）　バター

【C】

Café 中 単²-s / 複-s　喫茶店

Camping 中 単²-s　キャンプ

　　◇ Camping machen　キャンプをする

CD 囡 / 複-s　CD

China 中　（国名）中国

Chinese 男 単²-n / 複-n　中国人

Chinesin 囡 / 複-nen　（女性の）中国人

Christus 男　（人名）キリスト

Cola 中 単²-[s] / 複-s　コーラ

Computer 男　コンピューター

	単　数		複　数	
1格	der	Computer	die	Computer
2格	des	Computers	der	Computer
3格	dem	Computer	den	Computern
4格	den	Computer	die	Computer

Computerspiel 中 単²-[e]s / 複-e　コンピュータゲーム

Cousin 男 単²-s / 複-s　（男性の）いとこ

Curryreis 男 単²-es　カレーライス

【D】

da 副　そこで

dabei 副　その際

damals 副　当時

damit 副　それで

danach 副　そのあとで

Dänisch 中　（無冠詞で）デンマーク語

danken 動　…³に感謝する

dann 副　それから

darauf 副　aufと結合する形容詞と：→ stolz

darüber 副　überと結合する動詞と：→ freuen

das 冠　→ der　代　それ

dass 接　…ということ

Datum 中 単²-s / 複 Daten　日にち

dauern 動　（…の間）続く

dazu 副　そのために

dazu|geben 動　…⁴をつけ加える

dein 冠　君の

	男	囡	中	複
1格	dein	deine	dein	deine
2格	deines	deiner	deines	deiner
3格	deinem	deiner	deinem	deinen
4格	deinen	deine	dein	deine

denken 動　［an + 4格］　…⁴を考える

現在	ich	denke	wir	denken
	du	denkst	ihr	denkt
	er	denkt	sie	denken
		Sie	denken	

過去	**dachte**	過分	**gedacht** (haben 支配)

denn 接　というのは

der 冠　その

	男	囡	中	複
1格	der	die	das	die
2格	des	der	des	der
3格	dem	der	dem	den
4格	den	die	das	die

deshalb 副　それゆえに

Deutsch 中　（無冠詞で）ドイツ語

Deutsche 囡 ((形容詞変化))　（女性の）ドイツ人

Deutscher 男 ((形容詞変化))　ドイツ人

Deutschkurs 男 単²-es / 複-e　ドイツ語講座

Deutschland 中　（国名）ドイツ

deutschsprachig 形　ドイツ語圏の

Dezember 男 単²-[e]s / 複-　12月

Diät 囡　（複数なし）ダイエット

dich 代　君を

dick 比 dick*er*　最 dick*st*　形　厚い ⇔ dünn

dicker → dick の比較級

dickst → dick の最上級

Dienstag 男 単²-[e]s / 複-e　火曜日

dienstags 副　（毎）火曜日に

diese → dieser

dieser 冠　この

	男	囡	中	複
1格	dieser	diese	dieses	diese
2格	dieses	dieser	dieses	dieser
3格	diesem	dieser	diesem	diesen
4格	diesen	diese	dieses	diese

dieses → dieser

diesmal 副　今回は

dir 代　君に

doch 副　否定疑問文に対する返事：いいえ

　命令文：頼むから，いい加減に

Donau 囡　（川名）ドナウ川

Donnerstag 男 単²-[e]s / 複-e　木曜日

Dorf 中 単²-[e]s / 複 Dörfer　村

dort 副　あそこ

　　◇ dort drüben　あちらの方の

4

Dose 女/複-n 缶

Dosen → Dose の複数形

Dr. 略 博士，ドクター(= Doktor の略)

Dresden （都市名）ドレスデン

dringend 形 早急に

drüben 副 向こう側で

du 代 君が

dünn 比 dünner 最 dünnst 形 薄い ⇔ dick

dürfen 動 …してもよい

durch 前 4格支配 …を通って

durchs → durch + das の融合形

duschen 動 再［sich⁴］ シャワーを浴びる

現在	ich dusche mich	wir duschen uns
	du duschst dich	ihr duscht euch
	er duscht sich	sie duschen sich
	Sie duschen sich	
過去 duschte	過分 **ge**duscht (haben 支配)	

DVD 女/複-s DVD

【E】

echt 比 echter 最 am echtesten 副 本当に

Ei 中 たまご

	単 数	複 数
1格	das Ei	die Eier
2格	des Ei(e)s	der Eier
3格	dem Ei	den Eiern
4格	das Ei	die Eier

Eier → Ei の複数形

ein 冠 一つの，一人の

	男	女	中	複
1格	ein	eine	ein	
2格	eines	einer	eines	（なし）
3格	einem	einer	einem	
4格	einen	eine	ein	

eine → ein

einen → ein

ein|kaufen 動 買い物をする

現在	ich kaufe … ein	wir kaufen … ein
	du kaufst … ein	ihr kauft … ein
	er kauft … ein	sie kaufen … ein
	Sie kaufen … ein	
過去 kaufte … ein	過分 ein**ge**kauft (haben 支配)	

einmal 副 一度

　◇ noch einmal　もう一度

　◇ einmal die Woche　週に一度

eins 数 1

einsam 比 einsamer 最 einsamst 形 孤独な

ein|schlafen 動 眠り込む

Eintritt 男 単²-[e]s/複-e 入場

Eintrittskarte 女/複-n 入場券

Einwohner 男 単²-s/複- 人口

Eis 中 単²-es アイスクリーム

elegant 比 eleganter 最 elegantest 形 エレガントな

Eltern 複 両親

E-Mail 女/複-s Eメール

empfehlen 動 …³に…⁴を勧める

Ende 中 単²-s/-n 終わり

enden 動 終わる

England 中 （国名）イギリス

Engländer 男 単²-s/複- イギリス人

Engländerin 女/複-nen （女性の）イギリス人

Englisch 中 （無冠詞で）英語

er 代 彼が

Erfahrung 女/複-en 経験

erforderlich 形 必要な

erinnern 動 再［sich⁴ an+⁴］ …⁴を覚えている

現在	ich erinnere mich	wir erinnern uns
	du erinnerst dich	ihr erinnert euch
	er erinnert sich	sie erinnern sich
	Sie erinnern sich	
過去 erinnerte	過分 erinnert (haben 支配)	

erkälten 動 再［sich⁴］ 風邪を引く

erkältet 形 風邪を引いた

erreichen 動 …⁴を達成する

　◇ ein Ziel erreichen　目標を達成する，目的地に着く

erwärmen 動 …⁴を温める

erzählen 動 …⁴を物語る，話す

es 代 それが(を)

Essen 中 単²-s/複- 食事

essen 動 …⁴を食べる

現在	ich esse	wir essen
	du **isst**	ihr esst
	er **isst**	sie essen
	Sie essen	
過去	ich **aß**	wir **aßen**
	du **aßest**	ihr **aßt**
	er **aß**	sie **aßen**
	Sie **aßen**	
過分	**ge**gessen (haben 支配)	

essen gehen 動 食事に行く

Essig 男 単²-s / 複 -e 酢

Etui 中 単²-s / 複 -s ペンケース

etwa 副 おおよそ

eu(e)re → euer

euch 代 君たちに・を

euer 代 君たちの

	男	女	中	複
1格	euer	eu(e)re	euer	eu(e)re
2格	eu(e)res	eu(e)rer	eu(e)res	eu(e)rer
3格	eu(e)rem	eu(e)rer	eu(e)rem	eu(e)ren
4格	eu(e)ren	eu(e)re	euer	eu(e)re

Euro 男 単²-[s] / 複 -[s] ユーロ

Everest 男 (山名)エベレスト

Examen 中 単²-s / 複 - 試験

Exkursion 女 / 複 -en 団体研修旅行

【F】

fahren 動 (乗り物で)行く

現在	ich	fahre		wir	fahren
	du	**fährst**		ihr	fahrt
	er	**fährt**		sie	fahren
		Sie	fahren		
過去	ich	**fuhr**		wir	fuhren
	du	fuhrst		ihr	fuhrt
	er	fuhr		sie	fuhren
		Sie	fuhren		
過分	**gefahren** (sein 支配)				

Fahrer 男 単²-s / 複 - 運転手

Fahrrad 中 単²-[e]s / 複 ...räder 自転車

　　◇ Fahrrad fahren 自転車に乗る

falsch 比 falscher 最 falschest 形 間違っている
　　⇔ richtig

Familie 女 / 複 -n 家族

Familienstand 男 単²-[e]s 配偶状況

fand → finden の過去基本形

fantastisch 形 すばらしい

färben 動 …⁴に色を付ける

fassen 動 …⁴をつかむ

fast 副 ほとんど

faul 比 fauler 最 faulst 形 怠惰な ⇔ fleißig

Februar 男 単²-[s] / 複 -e 2月

feiern 動 …⁴を祝う

Fenster 中 単²-s / 複 - 窓

Fensterchen 中 単²-s / 複 - 小さい窓

Ferien 複 休暇

fern|sehen 動 テレビを見る

現在	ich	sehe	... fern	wir	sehen	... fern
	du	**siehst**	... fern	ihr	seht	... fern
	er	**sieht**	... fern	sie	sehen	... fern
			Sie sehen			
過去	**sah** ... fern		過分	**ferngesehen** (haben 支配)		

Fernsehen 中 単²-s テレビ(放送)

Fernseher 男 単²-s / 複 - テレビ(受像機)

Fest 中 単²-[e]s / 複 -e 祭り

Feuerwerk 中 単²-[e]s / 複 -e 花火

Fieber 中 単²-s 熱

Film 男 単²-[e]s / 複 -e 映画

finden 動 …⁴を見つける, …⁴を…と思う

現在	ich	finde	wir	finden
	du	**findest**	ihr	**findet**
	er	**findet**	sie	finden
		Sie finden		
過去	**fand**	過分	**gefunden** (haben 支配)	

Firma 女 / 複 Firmen 会社

Fisch 男 単²-[e]s / 複 -e 魚

Fläche 女 / 複 -n 面積

Flasche 女 / 複 -n ビン

Fleischerei 女 / 複 -en 肉屋 = Metzgerei

fleißig 比 fleißiger 最 fleißigst 形 熱心な ⇔ faul

fliegen 過去 flog 過分 geflogen (s) 動 飛ぶ

Flöte 女 / 複 -n フルート

Flughafen 男 単²-s / 複 ...häfen 空港

Flugzeug 中 単²-[e]s / 複 -e 飛行機

folgen 動 …³に続く

Foto 中 単²-s / 複 -s 写真

fotografieren 動 …⁴の写真を撮る

fragen 動 [4格 + nach + 3格] …⁴に…³を尋ねる

現在	ich	frage	wir	fragen
	du	fragst	ihr	fragt
	er	fragt	sie	fragen
		Sie fragen		
過去	**fragte**	過分	**gefragt** (haben 支配)	

Frankfurt (都市名)フランクフルト

Frankreich 中 (国名)フランス

Französisch 中 (無冠詞で)フランス語

Frau 囡 女性, 妻, (呼びかけ)…さん

	単数	複数
1格	die Frau	die Frauen
2格	der Frau	der Frauen
3格	der Frau	den Frauen
4格	die Frau	die Frauen

frei 比 frei*er* 最 frei[*e*]*st* 形 自由な, 空いた, 無料の

Freitag 男 単² -[e]s / 複 -e 金曜日

Freizeit 囡 / 複 -en （単数で）余暇, 自由時間

freuen 働 再［sich⁴ auf + 4格］…⁴を楽しみにしている, ［sich⁴ über + 4格］…⁴を喜ぶ

現在	ich	freue	mich	wir	freuen	uns
	du	freust	dich	ihr	freut	euch
	er	freut	sich	sie	freuen	sich
			Sie	freuen	sich	
過去	freute		過分	**ge**freut (haben 支配)		

Freund 男 単² -[e]s / 複 -e 友人

Freundin 囡 / 複 -nen （女性の）友人

freundlich 比 freundlich*er* 最 freundlich*st* 形 親切な

frisch 比 frisch*er* 最 frisch[*e*]*st* 形 新鮮な, 焼きたての

Friseur 男 単² -s / 複 -e 理髪師

Friseurin 囡 / 複 -nen （女性の）理髪師 = Friseuse

froh 比 froh*er* 最 froh[*e*]*st* 形 喜んで

fröhlich 形 嬉しそうに

früh 比 früh*er* 最 früh[*e*]*st* 副 形 早く／早い

Frucht 囡 / 複 Früchte 果物

Früchte → Frucht の複数形

Fruchtgummi 男 単² -s / 複 -s フルーツグミ

Frühstück 匣 単² -[e]s / 複 -e 朝食

frühstücken 働 朝食をとる

fühlen 働 再［sich⁴］感じる
◇ sich⁴ wohl fühlen 気分(体調)が良い

fuhr → fahren の過去基本形

für 前 4格支配 …のために

Fürstentum 匣 単² -s / 複 …tümer 公国

Fuß 男 単² -es / 複 Füße 足

Fußball 男 単² -[e]s / 複 Fußbälle サッカー

Fußballspiel 匣 単² -[e]s / 複 -e サッカーの試合

【G】

ganz 形 副 すべての／かなりの

gar 副 否定を表す語句と：全く…ない

Garage 囡 / 複 -n ガレージ, 車庫

Garten 男 単² -s / 複 Gärten 庭

Gärtner 男 単² -s / 複 - 庭師

Gärtnerin 囡 / 複 -nen （女性の）庭師

Gast 男 単² -[e]s / 複 Gäste 客

Gäste → Gast の複数形

gearbeitet → arbeiten の過去分詞

gebacken → backen の過去分詞

gebaut → bauen の過去分詞

geben 働 …³に…⁴を与える

現在	ich	gebe	wir	geben
	du	**gibst**	ihr	gebt
	er	**gibt**	sie	geben
		Sie	geben	
過去	**gab**	過分	**ge**geben (haben 支配)	

◇ es gibt + [4格]：…⁴が存在する

gebissen → beißen の過去分詞

geblieben → bleiben の過去分詞

geboren 形 生まれた

gebracht → bringen の過去分詞

Geburt 囡 / 複 -en 誕生

関連語 Geburtsdatum 匣 生年月日
Geburtshaus 匣 生家
Geburtstag 男 誕生日

gefahren → fahren の過去分詞

gefallen 働 …³の気に入る

現在	es	**gefällt**	sie	gefallen
過去	**gefiel**	過分	**ge**fallen (haben 支配)	

gegangen → gehen の過去分詞

gegen 前 4格支配 …に対して, …時頃

gegessen → essen の過去分詞

gehabt → haben の過去分詞

gehen 働 行く

現在	ich	gehe	wir	gehen
	du	gehst	ihr	geht
	er	geht	sie	gehen
		Sie	gehen	
過去	ich	**ging**	wir	gingen
	du	gingst	ihr	gingt
	er	ging	sie	gingen
		Sie	gingen	
過分	**ge**gangen (sein 支配)			

gehören 動 …³のものである

現在	ich	gehöre	wir	gehören
	du	gehörst	ihr	gehört
	er	gehört	sie	gehören
		Sie	gehören	
過去	gehörte	過分	gehört (haben 支配)	

gehört → hören の過去分詞．gehören の三人称単数形・
過去分詞

gekannt → kennen の過去分詞

gekommen → kommen の過去分詞

gelb 形 黄色の

Geld 中 単²-[e]s / 複 -er　お金

gelesen → lesen の過去分詞

geliebt → lieben の過去分詞

gelobt → loben の過去分詞

gemacht → machen の過去分詞

Gemüse 中 単²-s / 複 -　野菜

genau 副 ちょうど，そのとおり

Genf （都市名）ジュネーブ

genug 副 十分に

Gepäck 中 単²-[e]s / (複数なし)　荷物

gern 比 lieber 最 am liebsten 副 好んで

Gesang 男 単²-[e]s / 複 Gesänge　声楽

Geschenk 中 単²-[e]s / 複 -e　プレゼント

Geschichte 女 / -n　物語，(複数なし)歴史

geschlafen → schlafen の過去分詞

geschlossen → schließen の過去分詞

geschrieben → schreiben の過去分詞

Geschwister 複　兄弟姉妹

Gesicht 中 単²-[e]s / 複 -er　顔

gestern 副 昨日

gesund 比 gesünder 最 gesündest 形 健康な

Getränk 中 単²-[e]s / 複 -e　飲み物

getrunken → trinken の過去分詞

gewesen → sein の過去分詞

gewinnen 過去 gewann 過分 gewonnen (h) 動 …⁴
に勝つ

gewöhnlich 形 普通の

geworden → werden の過去分詞

ging → gehen の過去基本形

Gitarre 女 / 複 -n　ギター

Glas 中 グラス

	単　数		複　数	
1格	das	Glas	die	Gläser
2格	des	Glases	der	Gläser
3格	dem	Glas	den	Gläsern
4格	das	Glas	die	Gläser

Gläser → Glas の複数形

glauben 動 …⁴ と思う

現在	ich	glaube	wir	glauben
	du	glaubst	ihr	glaubt
	er	glaubt	sie	glauben
		Sie	glaubt	
過去	glaubte	過分	geglaubt (haben 支配)	

gleich 副 すぐに

gleichzeitig 副 同時に

glücklich 比 glücklicher 最 glücklichst 形 幸福な

Glückwunsch 男 単²-[e]s / 複 …wünsche　お祝いの言
葉

　◇ Herzlichen Glückwunsch　おめでとう

Glühwein 男 単²-[e]s / 複 -e　ホットワイン

Gott 男 単²-es / 複 Götter　(キリスト教の)神

　◇ Grüß Gott!　[ドイツ南部・オーストリアで] おは
よう；こんにちは；こんばんは

Gramm 中 単²-s / 複 -e　グラム

Grammatik 女 / 複 -en　文法

Gras 男 単²-es / 複 Gräser　草

grau 形 グレーの

grillen 動 …⁴ をグリルする，バーベキューをする

groß 比 größer 最 größt 形 大きい ⇔ klein

Großeltern 複　祖父母

größer → groß の比較級

Grüß Gott → Gott

Großmutter 女 / 複 …mütter　祖母

größt → groß の最上級

Großvater 男 単²-s / 複 …väter　祖父

grün 形 緑の

gründen 動 …⁴ を創設する

Gruppe 女 / 複 -n　グループ

Gulaschsuppe 女 / 複 -n　グーラシュスープ

Gurke 女 / 複 -n　キュウリ

gut 比 besser 最 best 形 良い ⇔ schlecht

　◇ Guten Abend　こんばんは

　◇ Guten Morgen　おはよう

　◇ Guten Tag　こんにちは

【H】

Haar 中 単² -[e]s / -e　髪の毛

Haare → Haar の複数形

haben 動　…⁴を持っている

現在	ich	habe		wir	haben
	du	**hast**		ihr	habt
	er	**hat**		sie	haben
		Sie	haben		
過去	ich	**hatte**		wir	hatten
	du	hattest		ihr	hattet
	er	hatte		sie	hatten
		Sie	hatten		
過分	**gehabt** (haben 支配)				

halb 形　半分の

hallo 間　やあ（会った時の挨拶）

Hamburg　（都市名）ハンブルク

Hand 女 / 複 Hände　手

Handynummer 女 / 複 -n　携帯電話番号

hart 比 härt*er* 最 härt*est* 形　固い ⇔ weich

Hase 男 単² -n / -n　ウサギ

hatte → haben の過去基本形

Hauptstadt 女 / 複 …städte　首都

Haus 中 単² -es / Häuser　家

関連語　Hausaufgabe 女　宿題

Hausaufgaben machen　宿題をする

Hausfrau 女　主婦

Hausmann 男　主夫

Häuser → Haus の複数形

Heft 中 単² -[e]s / -e　ノート

Heidelberg　（都市名）ハイデルベルク

heilig 形　聖なる

◇ Heiliger Abend　クリスマスイブ

heiraten 動　…⁴と結婚する

heiß 比 heiß*er* 最 heiß*est* 形　暑い，熱い ⇔ kalt

heißen 動　…⁴という名前である

現在	ich	heiße		wir	heißen
	du	**heißt**		ihr	heißt
	er	**heißt**		sie	heißen
		Sie	heißen		
過去	**hieß**	過分	**geheißen** (haben 支配)		

helfen 動　…³を助ける

現在	ich	helfe		wir	helfen
	du	**hilfst**		ihr	helft
	er	**hilft**		sie	helfen
		Sie	helfen		
過去	**half**	過分	**geholfen** (haben 支配)		

herein 副　中へ

Herr 男 単² -n / 複 -en　（男性への呼びかけ）…さん

herzlich 形　心からの

◇ herzlich willkommen!　ようこそ

heute 副　今日

Hexe 女 / 複 -n　魔女

関連語　Hexenhaus 中　魔女の家

Hexentanz 男　魔女の踊り

hier 副　ここに

Hilfe 女 / 複 -n　助け

Himmel 男 単² -s / 複 -　空

hinter 前 3・4格支配　…の後ろで／へ

Hobby 中 単² -s / 複 -s　趣味

hoch 比 höh*er* 最 höch*st* 形　高い ⇔ niedrig

höher → hoch の比較級

höchst → hoch の最上級

hören 動　聞く

現在	ich	höre		wir	hören
	du	hörst		ihr	hört
	er	hört		sie	hören
		Sie	hören		
過去	ich	**hörte**		wir	hörten
	du	hörtest		ihr	hörtet
	er	hörte		sie	hörten
		Sie	hörten		
過分	**ge**hört (haben 支配)				

hörte → hören の過去形

Hose 女 / 複 -n　ズボン

Hotel 中 単² -s / 複 -s　ホテル

Huhn 中 単² -[e]s / 複 Hühner　雄鶏

Hund 男 単² -[e]s / 複 -e　犬

Hunger 男 単² -s　空腹

Hut 男 単² -[e]s / 複 Hüte　帽子

Hütte 女 / 複 -n　小屋

【I】

ich 代　私が

Idee 女 / 複 -n　アイデア・考え

ihm 代　彼に，それに

ihn 代 彼を

ihnen 代 彼らに，それらに

ihr 代 君たちが，彼女に

ihr 冠 彼女の，彼らの，それらの

	男	女	中	複
1格	ihr	ihre	ihr	ihre
2格	ihres	ihrer	ihres	ihrer
3格	ihrem	ihrer	ihrem	ihren
4格	ihren	ihre	ihr	ihre

Ihnen 代 あなた(方)に

Ihr 冠 あなた(方)の

	男	女	中	複
1格	Ihr	Ihre	Ihr	Ihre
2格	Ihres	Ihrer	Ihres	Ihrer
3格	Ihrem	Ihrer	Ihrem	Ihren
4格	Ihren	Ihre	Ihr	Ihre

im → in + dem の融合形

immer 副 いつも

in 前 [3・4格支配] …の中で／へ

ins → in + das の融合形

inspirieren 動 …⁴に…³へのひらめきを与える

Instrument 中 単² -[e]s / 複 -e 楽器

interessant 比 interessant*er* 最 interessant*est* 形 面白い

interessieren 動 再 [sich⁴ für + 4格] …⁴に関心がある

現在	ich interessiere mich	wir interessieren uns
	du interessierst dich	ihr interessiert euch
	er interessiert sich	sie interessieren sich
	Sie interessieren sich	
過去 interessierte	過分 interessiert (haben 支配)	

Internet 中 単² -s / 複 -s インターネット

inzwischen 副 そうこうするうちに

irgendein 副 何らかの

Italiener 男 単² -s / 複 - イタリア人

Italienerin 女 / 複 -nen (女性の)イタリア人

Italienisch 中 (無冠詞で)イタリア語

【J】

ja 間 はい

Jahr 中 単² -[e]s / 複 -e 年

◇ Jahre alt …歳

jährlich 形 毎年の

Januar 男 単² -[s] / 複 -e 1月

Japaner 男 単² -s / 複 - 日本人

Japanerin 女 / 複 -nen (女性の)日本人

Japanisch 中 (無冠詞で)日本語

Jeans 女 / 複 - ジーンズ

jeder 冠 各々の

	男	女	中	複
1格	jeder	jede	jedes	(なし)
2格	jedes	jeder	jedes	
3格	jedem	jeder	jedem	
4格	jeden	jede	jedes	

◇ jeden Tag 毎日

◇ jedes Mal 毎回

jener 冠 あの

	男	女	中	複
1格	jener	jene	jenes	jene
2格	jenes	jener	jenes	jener
3格	jenem	jener	jenem	jenen
4格	jenen	jene	jenes	jene

jetzt 副 今

Job 男 単² -s / 複 -s アルバイト

jobben 動 アルバイトをする

joggen 動 ジョギングをする

Joghurt 男 単² -[s] / 複 -[s] ヨーグルト

Journalist 男 単² -en / 複 -en ジャーナリスト

Journalistin 女 / 複 -nen (女性の)ジャーナリスト

Juli 男 単² -[s] / 複 -s 7月

jung 比 jüng*er* 最 jüng*st* 形 若い ⇔ alt

Junge 男 単² -n / 複 -n 男の子

Juni 男 単² -[s] / 複 -s 6月

Jura 複 法学

【K】

Kaffee 男 単² -s / 複 -s コーヒー

kalt 比 kält*er* 最 kält*est* 形 冷たい ⇔ warm, heiß

Kälte 女 寒さ

kälter → kalt の比較級

kältest → kalt の最上級

kam → kommen の過去基本形

Kamera 女 / 複 -s カメラ

kämmen 動 再 [sich⁴] 自分の髪をとかす

kannte → kennen の過去基本形

Karaoke 中 単² -[s] カラオケ

Kartoffel 女 / 複 -n ジャガイモ

Kartoffeln → Kartoffel の複数形

Kartoffelsalat 男 単² -[e]s / 複 -e ポテトサラダ

Käse 男 単² -s / 複 - チーズ

Käsefondue 中 単²-s / 複-s　チーズフォンデュ

Kasten 男 単²-s / 複 Kästen　ケース，箱

Katze 女 / 複-n　ネコ

kaufen 動　…⁴を買う

現在	ich	kaufe	wir	kaufen
	du	kaufst	ihr	kauft
	er	kauft	sie	kaufen
		Sie	kaufen	
過去 kaufte	過分	**gekauft** (haben 支配)		

kein 冠　否定冠詞　…ない

Kellner 男 単²-s / 複-　ウェーター

Kellnerin 女 / 複-nen　ウェートレス

kennen 動　…⁴を知っている

現在	ich	kenne	wir	kennen
	du	kennst	ihr	kennt
	er	kennt	sie	kennen
		Sie	kennen	
過去 **kannte**	過分	**gekannt** (haben 支配)		

Kenntnis 女 / 複-se　知識

Kenntnisse → Kenntnis の複数形

Kerze 女 / 複-n　ろうそく

Kilo 中 単²-s / 複-[s]　キログラム（= Kilogramm の略）

Kind 中　子供

	単　数		複　数	
1格	das	Kind	die	Kinder
2格	des	Kind(e)s	der	Kinder
3格	dem	Kind	den	Kindern
4格	das	Kind	die	Kinder

Kindheit 女　幼年時代

Kino 中 単²-s / 複-s　映画館
　◇ ins Kino gehen　映画を見に行く

Kiosk 男 単²-[e]s / 複-e　キオスク

Kirche 女 / 複-n　教会

Kirchenmusik 女　教会音楽

Kiste 女 / 複-n　箱

Klavier 中　ピアノ

	単　数		複　数	
1格	das	Klavier	die	Klaviere
2格	des	Klaviers	der	Klaviere
3格	dem	Klavier	den	Klavieren
4格	das	Klavier	die	Klaviere

Kleid 中 単²-[e]s / 複-er　ワンピース，ドレス

Kleider → Kleid の複数形

klein 比 kleiner 最 kleinst 形　小さな ⇔ groß

km² (Quadratkilometer) 記　平方キロ

Knabenchor 男 単²-[e]s / 複…chöre　少年合唱（団）

Koch 男 単²-[e]s / 複 Köche　コック

kochen 動　料理する，ゆでる

Köchin 女 / 複-nen　（女性の）コック

Kollege 男 単²-n / 複-n　同僚

Köln　（都市名）ケルン

kommen 動　来る

現在	ich	komme	wir	kommen
	du	kommst	ihr	kommt
	er	kommt	sie	kommen
		Sie	kommen	
過去	ich	**kam**	wir	kamen
	du	kamst	ihr	kamt
	er	kam	sie	kamen
		Sie	kamen	
過分	**gekommen** (sein 支配)			

Konditorei 女 / 複-en　洋菓子店

können 動　…できる

konnte → können の過去基本形

Konzert 中 単²-[e]s / 複-e　コンサート
　◇ ins Konzert gehen　コンサートに行く

Kopf 男 単²-[e]s / 複 Köpfe　頭

kopieren 動　…⁴をコピーする

Koreaner 男 単²-s / 複-　韓国人

Koreanerin 女 / 複-nen　（女性の）韓国人

kosten 動　…⁴の値段である

krächzen 動　（カラスが）鳴く

krank 比 kränker 最 kränkst 形　病気の ⇔ gesund

Kreuzworträtzel 中 単²-s / 複-　クロスワードパズル

Krimi 男 単²-[s] / 複-[s]　推理小説

Kuchen 男　ケーキ

	単　数		複　数	
1格	der	Kuchen	die	Kuchen
2格	des	Kuchens	der	Kuchen
3格	dem	Kuchen	den	Kuchen
4格	den	Kuchen	die	Kuchen

Kuh 女 / 複 Kühe　雌牛

kühl 比 kühler 最 kühlst 形　冷たい ⇔ warm

Kühlschrank 男 単²-[e]s / 複…schränke　冷蔵庫

Kugelschreiber 男 単²-s / 複-　ボールペン

Kurs 男 単²-es / 複-e　講習会

Küste 女 / 複-n　海岸

【L】

lächeln 動　ほほえむ

lachen 動 笑う

Laden 男 単²-s / 複 Läden 店

Lampe 女 / 複 -n ランプ

Landeskunde 女 （複数なし）地誌(学)

lang 比 länger 最 längst 形 長い ⇔ kurz

lange 副 長い間

◇ Wie lange どのくらい

länger → lang の比較級

langsam 比 langsamer 最 langsamst 形 副 遅い，
ゆっくりと ⇔ schnell

lassen 動 …させる

現在	ich	lasse		wir	lassen
	du	**lässt**		ihr	lasst
	er	**lässt**		sie	lassen
		Sie lassen			
過去	**ließ**		過分	**gelassen / lassen**（haben 支配）

laufen 動 走る

現在	ich	laufe		wir	laufen
	du	**läufst**		ihr	lauft
	er	**läuft**		sie	laufen
		Sie laufen			
過去	**lief**		過分	**gelaufen**（sein 支配）

leben 動 暮らしている

現在	ich	leben		wir	leben
	du	lebst		ihr	lebt
	er	lebt		sie	leben
		Sie leben			
過去	**lebte**		過分	**gelebt**（haben 支配）

Lebenslauf 男 単²-[e]s / 複 …läufe 履歴書

Lebensmittel 中 単²-s / 複 - 食料品（普通複数で）

Lebkuchen 男 単²-s / 複 - 香辛料入りのクッキー

lecker 形 美味しい

ledig 形 独身の ⇔ verheiratet

Lehre 女 / 複 -n 見習い（修業）

Lehrer 男 単²-s / 複 - 教師

Lehrerin 女 / 複 -nen （女性の）教師

leicht 形 簡単な

leider 副 残念ながら

leise 形 （音・声が）小さい ⇔ laut

Lektion 女 / 複 -en （教科書の）課

lernen 動 …⁴を学ぶ

現在	ich	lerne		wir	lernen
	du	lernst		ihr	lernt
	er	lernt		sie	lernen
		Sie lernen			
過去	ich	**lernte**		wir	lernten
	du	lerntest		ihr	lerntet
	er	**lernte**		sie	lernten
		Sie lernten			
過分	**ge**lernt（haben 支配）				

lesen 動 …⁴を読む

現在	ich	lese		wir	lesen
	du	**liest**		ihr	lest
	er	**liest**		sie	lesen
		Sie lesen			
過去	**las**	過分	**gelesen**（haben 支配）		

Leute 複 人々

Licht 中 -[e]s / 複 -er （単数で）あかり

lieb 比 lieber 最 liebst 形 親愛なる，好きな

lieben 動 …⁴を愛する

現在	ich	lieben		wir	lieben
	du	liebst		ihr	liebt
	er	liebt		sie	lieben
		Sie lieben			
過去	liebte	過分	**ge**liebt（haben 支配）		

lieber → gern の比較級

Lieblingskomponist 男 単²-en / 複 -en お気に入りの
作曲家

Lieblingstorte 女 / 複 -n 大好きなケーキ

liebst → lieb / gern の最上級

Liechtenstein 中 （国名）リヒテンシュタイン

Liederbuch 中 単²-[e]s / 複 …bücher 歌の本

Lied 中 単²-[e]s / 複 -er 歌

liegen 過去 lag 過分 gelegen 動 横になっている，
ある

Limonade 女 / 複 -n レモネード

link 形 左の ⇔ recht

links 副 左へ ⇔ rechts

Liter 男 単²-s / 複 - リットル

loben 動 …⁴をほめる

Lokal 中 単²-s / 複 -e 飲食店

los|gehen 動 出発する，出かける

lustig 形 愉快な

◇ sich⁴ über + 4格 lustig machen …⁴をからかう

【M】

machen 動 …⁴をする，作る

現在	ich	mache		wir	machen
	du	machst		ihr	macht
	er	macht		sie	machen
		Sie	machen		
過去	ich	**machte**		wir	machten
	du	machtest		ihr	machtet
	er	machte		sie	machten
		Sie	machten		
過分	**ge**macht (haben 支配)				

machte → machen の過去基本形

Mai 男 単²-[e]s / 複-e　5月

mal 副　(命令形を和らげて)ちょっと

Mal 中 単²-[e]s / 複-e　回，度

　◇ jedes Mal　毎回

man 代　人(々)は

mancher 冠　かなりの

	男	女	中	複
1格	mancher	manche	manches	manche
2格	manches	mancher	manches	mancher
3格	manchem	mancher	manchem	manchen
4格	manchen	manche	manches	manche

Mann 男　男

	単　数		複　数	
1格	der	Mann	die	Männer
2格	des	Mann(e)s	der	Männer
3格	dem	Mann	den	Männern
4格	den	Mann	die	Männer

Markt 男 単²-[e]s / 複 Märkte　市場，広場

Märkten → Markt の複数形3格

Marktplatz 男 単²-es / 複 ...plätze　(市の立つ)広場

März 男 単²-[es] / 複-e　3月

Medikament 中 単²-[e]s / 複-e　薬

Medizin 女 / 複-en　医学

Meer 中 単²-[e]s / 複-e　海

Mehl 中 単²-[e]s / 複-e　小麦粉

mehr → viel の比較級

mein 冠　私の

	男	女	中	複
1格	mein	meine	mein	meine
2格	meines	meiner	meines	meiner
3格	meinem	meiner	meinem	meinen
4格	meinen	meine	mein	meine

meine → mein

meist → viel の最上級

meistens 副　たいてい

Melange 女 / 複-n　メランジェ

Mensch 男 単²-en / 複-en　人間

Metzgerei 女 / 複-en　肉屋 = Fleischerei

Miete 女 / 複-n　家賃

Milch 女　ミルク

Million 女 / 複-en　100万

mindestens 副　少なくとも

Mineralwasser 中 単²-s / 複 ...wässer　ミネラルウォーター

mir 代　私に

Misosuppe 女 / 複-n　味噌汁

mit 前 3格支配　…といっしょに，…で

Mitarbeiter 男 単²-s / 複-　仕事仲間，従業員

mit|bringen 動　持参する，持ってくる

mit|kommen 動　いっしょに来る

mittags 副　昼に

mit|tanzen 動　いっしょにダンスをする

Mitte 女 / 複-n　中心

Mitternacht 女 / 複 ...nächte　深夜

Mittwoch 男 単²-[e]s / 複-e　水曜日

möchten 動　…したい

現在	ich	**möchte**		wir	möchten
	du	**möchtest**		ihr	möchtet
	er	**möchte**		sie	möchten
		Sie	möchten		

mögen 動　…⁴を好む，…かもしれない

möglich 形　可能な

Moment 男 単²-s / 複-e　瞬間

　◇ einen Moment　ちょっと待って！

Monat 男 単²-[e]s / 複-e　(暦の)月

Montag 男 単²-[e]s / 複-e　月曜日

montags 副　(毎)月曜日に

morgen 副　明日

müde 副　疲れている

München　(都市名)ミュンヒェン

Museen → Museum の複数形

Museum 中 単²-s / 複 Museen　博物館

Musik 女　音楽

　関連語　Musiker 男　音楽家

　　　　　Musikerin 女　(女性の)音楽家

　　　　　Musikhalle 女　コンサートホール

　　　　　Musikstudent 男　音大生

müssen 動　…ねばならない

musste → müssenの過去基本形

Mutter 囡 / 複 Mütter　母

【N】

na 圃　さあ，まあ，もちろん！
　◇ Na klar!　当たり前さ！
nach 圃　[3格支配]　…の後で，…の方へ
Nachmittag 團単²-s / 複-e　午後
nachmittags 圓　午後に
Nachricht 囡 / 複-en　ニュース
nächst 圏　次の
Nacht 囡 / 複 Nächte　夜
Nachtportier 團単²-s / 複-s　夜勤のフロント
nachts 圓　夜に
Name 團　名前

	単　数		複　数	
1格	der	Name	die	Namen
2格	des	Namens	der	Namen
3格	dem	Namen	den	Namen
4格	den	Namen	die	Namen

Nationalität 囡 / 複-en　国籍
natürlich 圓　もちろん
neben 圃　[3・4格支配]　…の横で／…へ
neblig 圏　霧のかかった
nehmen 働　…⁴を取る

[現在]	ich	nehme	wir	nehmen
	du	**nimmst**	ihr	nehmt
	er	**nimmt**	sie	nehmen
		Sie　nehmen		

[過去] **nahm** [過分] **genommen** (haben 支配)

nein 圓　いいえ
nett 囮netter 圖nettest 圏　親切な，感じがいい
neu 囮neuer 圖neu[e]st 圏　新しい ⇔ alt
nicht 圓　…でない
　◇ nicht immer　必ずしも～ない
　◇ nicht mehr　もはや～ない
Nikolaustag 團単²-[e]s / 複-e　聖ニコラウスの日
nichts 代　なにも…ない
noch 圓　まだ
　◇ noch einmal　もう一度
Note 囡 / 複-n　音符　（複数で）楽譜
November 團単²-[s] / 複-　11月
Nudel 囡 / 複-n　麺
nur 圓　ただ…だけ
Nuss 囡 / 複 Nüsse　ナッツ

Nüsse → Nussの複数形

【O】

oben 圓　上に
Obst 匣単²-[e]s　果物
oder 圈　または，あるいは
Ofen 團単²-s / 複 Öfen　オーブン
öffnen 働　…⁴を開ける
oft 囮öfter 圖am öftesten 圓　しばしば，よく
oh 圓　おお
ohne 圃　[4格支配]　…なしに
Ohrring 團単²-[e]s / 複-e　イヤリング
O.K. 圓　オーケー
Öko 團単²-s / 複-s　エコ（環境保護）
Öko-Garten 團単²-s / 複-Gärten　有機栽培果樹園
Oktober 團単²-s / 複-　11月
Oktoberfest 匣単²-[e]s / 複-e　オクトーバーフェスト，10月祭
Öl 匣単²-[e]s / 複-e　油
Onkel 團単²-s / 複-　叔父
Oper 囡 / 複-n　オペラ
Ostern 匣単²-/ 複-　イースター
　[関連語]　Osterei 匣　イースターエッグ
　　　　Osterhase 團　イースターのウサギ
　　　　Ostersonntag 團　復活祭当日（の日曜日）
Österreich 匣　（国名）オーストリア
Österreicher 團単²-s / 複-　オーストリア人
Österreicherin 囡 / 複-nen　（女性の）オーストリア人

【P】

Packung 囡　袋

	単　数		複　数	
1格	die	Packung	die	Packungen
2格	der	Packung	der	Packungen
3格	der	Packung	den	Packungen
4格	die	Packung	die	Packungen

Park 團単²-s / 複-s　公園
Partner 團単²-s / 複-　パートナー
Partnerarbeit 囡 / 複-en　パートナー練習
Partnerin 囡 / 複-nen　（女性の）パートナー
Party 囡 / 複-s　パーティー
Pause 囡 / 複-n　休憩
Pfeffer 團単²-s / 複-　コショウ
Pfennig 團単²-s / 複-　ペニヒ（ドイツのユーロ実施前の通貨単位）

Pflanzenöl 中 単²-s / 複-e 植物油

Pfund 中 単²-[e]s / 複-e ポンド(500グラム)

Phonetik 女 音声学

Pianistin 女 / 複-nen （女性の)ピアニスト

Picknick 中 単²-s / 複-e, -s ピクニック

Pilot 男 単²-en / 複-en パイロット

Pizza 女 / 複-s ピザ

planen 動 …⁴を計画する

Politik 女 / 複-en 政治

Politologie 女 政治学

Polizist 男 警察官

	単 数	複 数
1格	der Polizist	die Polizisten
2格	des Polizisten	der Polizisten
3格	dem Polizisten	den Polizisten
4格	den Polizisten	die Polizisten

Postkarte 女 / 複-n 絵葉書

Prag （都市名)プラハ

Praktikant 男 単²-en / 複-en 実習生, 見習い

Praktikantin 女 / 複-nen （女性の)実習生, 見習い

Praktikum 中 単²-s / 複 Praktika 研修

praktisch 形 使いやすい

Preis 男 単²-es / 複-e 値段

produzieren 動 …⁴を製造する

Professor 男 単²-s / 複-en 教授

Programm 中 単²-s / 複-e プログラム

Projekt 中 単²-[e]s / 複-e プロジェクト

Prüfung 女 / 複-en 試験

putzen 動 再[sich³ + 4格] …⁴をきれいにする

◇ sich³ die Zähne putzen 歯を磨く

現在	ich putze mir die Zähne	wir putzen uns die Zähne
	du **putzt** dir die Zähne	ihr putzt euch die Zähne
	er putzt sich die Zähne	sie putzen sich die Zähne
	Sie putzen sich die Zähne	
過去	putzte 過分 **ge**putzt (haben 支配)	

【Q】

Quadratkilometer 男 (中) 単²-s / 複- 平方キロメートル

Qualität 女 / 複-en 質

【R】

Rabe 男 単²-n / 複-n カラス

Rad 中 単²-[e]s / 複 Räder 自転車

◇ Rad fahren 自転車に乗る

Rakete 女 / 複-n 打ち上げ花火

rannte → rennen の過去形

rasieren 動 [sich⁴] ひげをそる

現在	ich rasiere mich	wir rasieren uns
	du rasierst dich	ihr rasiert euch
	er rasiert sich	sie rasieren sich
	Sie rasieren sich	
過去	rasierte 過分 rasiert (haben 支配)	

Rathaus 中 単²-es / 複…häuser 市庁舎

Rätoromanisch 中 （無冠詞で)レトロマンス語

rechnen 動 計算をする

recht 形 右に ⇔ link

rechts 副 右側に ⇔ links

reden 動 話す

Referat 中 単²-[e]s / 複-e レポート, 研究発表

regelmäßig 形 定期的に

Regen 男 単²-s 雨

Regensburg （都市名)レーゲンスブルク

regnen 動 雨が降る

Reichstag 男 単²-[e]s 帝国国会議事堂

Reis 男 単²-es / 複-e ご飯

Reise 女 / 複-n 旅行

Reisebüro 中 単²-s / 複-s 旅行会社

Reisegruppe 女 / 複-n ツアー(のグループ)

reisen 動 旅行する

reiten 過去 ritt 過分 geritten (s) 動 馬に乗る, (ほうきに)乗る

rennen 過去 rannte 過分 gerannt (s) 動 走る

Reparatur 女 / 複-en 修理

reparieren 動 …⁴を修理する

reservieren 動 …⁴を予約する

Restaurant 中 レストラン

	単 数	複 数
1格	das Restaurant	die Restaurants
2格	des Restaurants	der Restaurants
3格	dem Restaurant	den Restaurants
4格	das Restaurant	die Restaurants

restaurieren 動 …⁴を修復する

Rhein 男 （川名)ライン川

richtig 比 richtig*er* 最 richtig*st* 形 正しい ⇔ falsch

rief → rufen の過去基本形

rufen 過去 rief 過分 gerufen (h) 動 大声で言う, 呼ぶ

Rom （都市名)ローマ

Roman 男 単² -s / 複 -e 長編小説

rot 形 赤い

ruhig 比 ruhiger 最 ruhigst 形 静かな

rundlich 形 丸みのある

【S】

Sache 女 / 複 -n 事

Sachertorte 女 / 複 -n ザッハートルテ

sagen 動 言う

現在	ich	sage		wir	sagen
	du	sagst		ihr	sagt
	er	sagt		sie	sagen
		Sie sagen			
過去	**sagte**	過分	**gesagt** (haben 支配)		

sah → sehen の過去形

Sahne 女 生クリーム

Salat 男 単² -[e]s / 複 -e サラダ

Salz 中 単² -es 塩

Salzburg (都市名)ザルツブルク

Samstag 男 単² -[e]s / 複 -e 土曜日

Sandwich 中 単² -[e]s / 複 -[e]s, -[e] サンドイッチ

Sänger 男 単² -s / 複 - 歌手

schälen 動 …⁴の皮をむく

Schauspielerin 女 / 複 -nen （女性の)俳優，女優

Scheibe 女 / 複 -n スライス

schenken 動 …³に…⁴を贈る

schicken 動 …⁴を送る

Schildkröte 女 / 複 -n カメ

schieben 過去 schob 過分 geschoben (h) 動 …⁴を押して動かす

schießen 過去 schoss 過分 geschossen (h) 動 撃つ，…⁴を打ち上げる

Schinken 男 単² -s / 複 - ハム

schlafen 動 眠る

現在	ich	schlafe		wir	schlafen
	du	**schläfst**		ihr	schlaft
	er	**schläft**		sie	schlafen
		Sie schlafen			
過去	**schlief**	過分	**geschlafen** (haben 支配)		
命令	du → Schlaf(e)! ihr → Schlaft!				
	Sie → Schlafen Sie!				

schlagen 過去 schlug 過分 geschlagen (h) 動 打つ，…⁴を打ち負かす

schlank 形 ほっそりした ⇔ dick

schließen 過去 schloss 過分 geschlossen (h) 動 …⁴を閉める

Schloss 中 単² -es / 複 Schlösser 城

◇ Schloss Neuschwanstein ノイシュヴァンシュタイン城

Schluss 男 単² -es / 複 Schlüsse 終わり

Schlüssel 男 単² -s / 複 - カギ

schmecken 動 (美味しい)味がする

schmücken 動 …⁴を飾る

schneiden 過去 schnitt 過分 geschnitten (h) 動 …⁴を切る

schneien 動 雪が降る

schnell 比 schneller 最 schnellst 形 速く ⇔ langsam

schneller → schnell の比較級

schnellst → schnell の最上級

Schokolade 女 / 複 -n チョコレート

Schokoladentorte 女 / 複 -n チョコレートケーキ

schon 副 すでに

schön 比 schöner 最 schönst 形 美しい

schreiben 動 …³に…⁴を書く

現在	ich	schreibe		wir	schreiben
	du	schreibst		ihr	schreibt
	er	schreibt		sie	schreiben
		Sie schreiben			
過去	**schrieb**	過分	**geschrieben** (haben 支配)		

schrieb → schreiben の過去基本形

Schritt 男 単² -[e]s / 複 -e 足音，歩み

Schule 女 / 複 -n 学校

Schüler 男 単² -s / 複 - 生徒

Schülerin 女 / 複 -nen （女性の)生徒

Schulzeit 女 / 複 -en 学校時代

Schüssel 女 / 複 -n 深皿，ボウル

schwarz 形 黒い

Schwarzwälder Kirschtorte 女 / 複 -n シュヴァルツベルダーキルシュトルテ(さくらんぼ入りチョコレートケーキ)

Schweinshaxe 女 / 複 -n （料理)豚のすね肉

Schweiz 女 （国名)スイス

schwer 比 schwerer 最 schwerst 形 難しい

Schwester 女 / 複 -n 姉，妹

Schwimmbad 中 単² -[e]s / 複 ...bäder プール

schwimmen 過去 schwamm 過分 geschwommen (h, s) 動 泳ぐ

sehen 動 …⁴を見る

現在	ich	sehe	wir	sehen
	du	**siehst**	ihr	seht
	er	**sieht**	sie	sehen
		Sie sehen		
過去	**sah**	過分 **gesehen** (haben支配)		
命令	du → sieh! ihr → seht! Sie → sehen Sie!			

sehr 副 とても

sein 動 …である

現在	ich	**bin**	wir	**sind**
	du	**bist**	ihr	**seid**
	er	**ist**	sie	**sind**
		Sie **sind**		
過去	ich	**war**	wir	**waren**
	du	**warst**	ihr	**wart**
	er	**war**	sie	**waren**
		Sie **waren**		
過分	**gewesen** (sein支配)			

sein 冠 彼の

	男	女	中	複
1格	sein	seine	sein	seine
2格	seines	seiner	seines	seiner
3格	seinem	seiner	seinem	seinen
4格	seinen	seine	sein	seine

seit 前 3格支配 …以来

Sekretärin 女 / 複 -nen （女性の）秘書

Sekt 男 単²-[e]s / 複 -e スパークリングワイン

Senf 男 単²-[e]s / 複 -e マスタード

September 男 単²-[s] / 複 - 9月

Servus 間 やあ，こんにちは，さようなら

sich 代 再帰代名詞 （自分自身に／を）

sicher 比 sicher*er* 最 sicher*st* 形 きっと

Sie 代 あなた(方)が，を

sie 代 彼女(ら)が，彼女(ら)を，彼らが，彼らを

Silvester 男 単²-s / - 大みそか

singen 過去 sang 過分 gesungen (h) 動 …⁴を歌う

sitzen 過去 saß 過分 gesessen (h) 動 座る

Smartphone 中 単²-s / 複 -s スマートフォン

so 副 （高い程度を)とても，たいへん
　　◇ so + 形容詞 + wie …と同じくらい…な

Sofa 中 単²-s / 複 -s ソファー

Sohn 男 単²-[e]s / 複 Söhne 息子

solcher 冠 そのような

	男	女	中	複
1格	solcher	solche	solches	solche
2格	solch**es**	solcher	solches	solcher
3格	solch**em**	solcher	solchem	solchen
4格	solchen	solche	solches	solche

sollen 動 …すべきである，…するように言われている

Sommer 男 単²-s / - 夏

Sommerferien 複 夏休み

sondern 接 否定詞と呼応して：…ではなくて…
　　◇ nicht A, sondern B： AでなくBである

Sonne 女 / 複 -n 太陽

sonnig 形 良く晴れた

Sonntag 男 単²-s / 複 -e 日曜日

sonntags 副 （毎)日曜日に

Soziologie 女 社会学

Spaghetti 複 スパゲッティ

Spanien 中 （国名)スペイン

Spanier 男 単²-s / 複 - スペイン人

Spanierin 女 / 複 -nen（女性の)スペイン人

Spanisch 中 （無冠詞で)スペイン語

Spaß 男 単²-es / 複 Späße （単数で)楽しみ
　　◇ Spaß machen …³にとって楽しい

später 副 後で

spazieren gehen 動 散歩する

Spezialität 女 / 複 -en （土地の)特産物

Spiel 中 単²-[e]s / 複 -e ゲーム

spielen 動 （スポーツを)する，(楽器を)演奏する

現在	ich	spiele	wir	spielen
	du	spielst	ihr	spielt
	er	spielt	sie	spielen
		Sie spielen		
過去	spiel**te**	過分	**ge**spielt (haben支配)	

Spielzeug 中 単²-[e]s / 複 -e おもちゃ

Sport 男 単²-[e]s / 複 -e スポーツ
　　◇ Sport treiben スポーツをする

sportlich 形 スポーティーな，スポーツの

Sprache 女 / 複 -n 言語
　　関連語 Sprachkenntnisse 複 外国語の知識
　　　　　Sprachkurs 男 語学講座

sprechen 動 …⁴を話す

現在	ich	spreche		wir	sprechen
	du	**sprichst**		ihr	sprecht
	er	**spricht**		sie	sprechen
			Sie sprechen		
過去	**sprach**	過分	**gesprochen** (haben支配)		

Stadt 女/複 Städte 街

Stadtzentrum 中 単² -s / 複 …zentren 街の中心

stand → stehen の過去基本形

stehen 過分 stand 過去 gestanden (h) 動 （建物が）立っている

statt 前 [2格支配] …の代わりに

Stätte 女/複 -n （史跡などの）場所

statt|finden 動 開催される

現在	Das **Konzert findet** … statt.
	Die **Konzerte finden** … statt.
	※主語は3人称のみ ※口語上の**e**が入る
過去 fand … statt 過分 stattgefunden (haben支配)

Stelle 女/複 -n ポスト，職，場所

stellen 動 …⁴を…に置く

stetig 形 絶えず

Stiefel 男 単² -s / 複 - 長靴

Stift 男 単² -[e]s / 複 -e ペン

stolz 比 stolz*er* 最 stolz*est* 形 ［auf + 4格］ …⁴を自慢している

strahlen 動 輝く

Strand 男 単² -[e]s / 複 Strände *海辺，浜辺*

Straße 女/複 -n 通り

Straßenbahn 女/複 -en トラム

Stück 中 単² -[e]s / 複 -e 一切れ；部分

Student 男 大学生

	単 数	複 数	
1格	der Student	die	Studenten
2格	des Studenten	der	Studenten
3格	dem Studenten	den	Studenten
4格	den Studenten	die	Studenten

Studentin 女 /-nen （女性の）大学生

Studien → Studium の複数形

Studienfach 中 単² -[e]s / 複 …fächer （大学の）専攻

studieren 動 大学で学ぶ

現在	ich	studiere		wir	studieren
	du	studierst		ihr	studiert
	er	studiert		sie	studieren
			Sie studieren		
過去 studier**te** 過分 studiert (haben支配)

Studium 中 単² -s / 複 Studien 大学での勉強

Stuhl 男 いす

	単 数	複 数	
1格	der Stuhl	die	Stühle
2格	des Stuhl(e)s	der	Stühle
3格	dem Stuhl	den	Stühlen
4格	den Stuhl	die	Stühle

Stunde 女/複 -n 時間

suchen 動 …⁴を捜している

Supermarkt 男 単² -[e]s / 複 …märkte スーパーマーケット

Suppe 女/複 -n スープ

Süßigkeit 女/複 -en お菓子

Süßwarenfirma 女/複 …firmen 製菓会社

【T】

Tag 男 単² -[e]s / 複 -e 日，一日
　◇ den ganzen Tag 一日中

Tante 女/複 -n おば

Tanz 男 単² -es / 複 Tänze ダンス

Tanzbär 男 単² -en / 複 -en 年の市などでダンスをしてみせる熊

tanzen 動 ダンスをする

現在	ich	tanze		wir	tanzen
	du	**tanzt**		ihr	tanzt
	er	tanzt		sie	tanzen
			Sie tanzen		
過去 tanz**te** 過分 **getanzt** (haben支配)

Tanzkleid 中 単² -[e]s / 複 -er ダンスドレス

Tanzschule 女/複 -n ダンススクール

Tanzstunde 女/複 -n ダンスのレッスン

Tasche 女/複 -n カバン

Tasse 女/複 -n カップ
　◇ eine Tasse Kaffee 一杯のコーヒー

Taxi 中 単² -s / 複 -s タクシー

Taxifahrer 男 単² -s / 複 - タクシー運転手

Tee 男 単² -s / 複 -s お茶

teil|nehmen 動 ［an + 3格］ …³に参加する

telefonieren 動 電話で話す

現在	ich	telefoniere		wir	telefonieren
	du	telefonierst		ihr	telefoniert
	er	telefoniert		sie	telefonieren
			Sie telefonieren		
過去 telefonierte 過分 telefoniert (haben支配)

Teller 男 単² -s / 複 - 皿

teuer 比 teur*er* 最 teuer*st* 形 （値段が）高い ⇔ billig

Thema 中 単² -s / 複 Themen テーマ

tief 比 tief*er* 最 tief*st* 形 深い

Tier 中 単² -[e]s / 複 -e 動物

Tisch 男 単² -[e]s / 複 -e 机

Tochter 女 / 複 Töchter 娘

Tomate 女 トマト

	単　数		複　数	
1格	die	Tomate	die	Tomaten
2格	der	Tomate	der	Tomaten
3格	der	Tomate	den	Tomaten
4格	die	Tomate	die	Tomaten

Tonne 女 / 複 -n （重量単位）トン

Topf 男 単² -[e]s / 複 Töpfe 鍋

Tourist 男 単² -en / 複 -en 旅行者

Tradition 女 / 複 -en 伝統

tragen 過去 trug 過分 getragen (h) 動 …⁴を身につけている

treffen 過去 traf 過分 getroffen (h) 動 （相互的に）…⁴に会う

trinken 動 …⁴を飲む

現在	ich	trinke	wir	trinken
	du	trinkst	ihr	trinkt
	er	trinkt	sie	trinken
			Sie	trinken
過去 **trank** 過分 **getrunken** (haben 支配)				

trösten 動 …⁴を慰める

trotz 前 2格支配 …にもかかわらず

tschüss（= tschüs）間 じゃあね，バイバイ

T-Shirt 中 単² -s / 複 -s Tシャツ

Tür 女 / 複 -en ドア

Türkei 女 （国名）トルコ

【U】

U-Bahn 女 / 複 -en 地下鉄

üben 動 ［sich³ in + 3格］ …の練習をする

über 前 3・4格支配 …の上方で／へ

überlegen 動 ［sich³ + 4格］ …⁴をよく考える

übermorgen 副 明後日

Uhr 女 時計，（時刻を表し）…時

	単　数		複　数	
1格	die	Uhr	die	Uhren
2格	der	Uhr	der	Uhren
3格	der	Uhr	den	Uhren
4格	die	Uhr	die	Uhren

um 前 4格支配 （時間的に）…時に，…の回り
　◇ um ... zu …するために

Umlaut 男 単² -[e]s / 複 -e 変母音

unbedingt 副 ぜひとも，必ず，絶対に

und 接 そして

Uni-Fest 中 単² -[e]s / 複 -e 大学の学園祭

Universität 女 / 複 -en 大学

uns 代 私たちに（を）

unser 冠 私たちの

	男	女	中	複
1格	unser	uns(e)re	unser	uns(e)re
2格	uns(e)res	uns(e)rer	uns(e)res	uns(e)rer
3格	uns(e)rem	uns(e)rer	uns(e)rem	uns(e)ren
4格	uns(e)ren	uns(e)re	unser	uns(e)re

unsere → unser

unter 前 3・4格支配 …の下で／へ

unterrichten 動 授業をする

Urlaub 男 単² -[e]s / 複 -e 休暇

usw. 略 等々，など（= und so weiter の略）

【V】

Venedig 中 （都市名）ベニス

verbrachte → verbringen の過去基本形

verbringen 動 …⁴を過ごす

Vergleich 男 単² -[e]s / 複 -e 比較
　◇ im Vergleich zu（または mit）+ 3格 …に比べて

verkaufen 動 …⁴を売る

Verkäufer 男 単² -s / 複 - 店員

Verkäuferin 女 / 複 -nen （女性の）店員

verkauft → verkaufen の過去分詞

verkaufte → verkaufen の過去基本形

verlangen 動 …⁴を求める

Verspätung 女 / 複 -en 遅れ

verstecken 動 …⁴を隠す

verstehen 動 …⁴を分かる，理解する

現在	ich	verstehe		wir	verstehen
	du	verstehst		ihr	versteht
	er	versteht		sie	verstehen
		Sie	verstehen		
過去 **verstand**	過分 **verstanden** (haben 支配)				

versuchen 動 …⁴を試す，試みる

Verwandte 男女《形容詞変化》 親戚

viel 比 *mehr* 最 *meist* 形 多くの，たくさんの ⇔ wenig

Viertel 中 -s / 複 - 15分，四分の一

Violine 女 / 複 -n バイオリン

voll 形 いっぱいの ⇔ leer

　◇ voll nehmen 一人前として扱う

vom → von + dem の融合形

von 前 3格支配 …から，…の

vor 前 3・4格支配 …の前で／へ

　◇ vor Freude うれしさに

voran|gehen 動 前へ進む

vorbei|gehen 動 [an + 3格] …³のかたわらを通り過ぎる

vor|haben 動 …⁴を予定している

現在	ich	habe … vor		wir	haben … vor
	du	**hast** … vor		ihr	habt … vor
	er	**hat** … vor		sie	haben … vor
		Sie	haben … vor		
過去 **hatte** … vor	過分 **vorgehabt** (haben 支配)				

vorher 副 あらかじめ

vor|lesen 動 …⁴を読んで聞かせる

vormittags 副 午前中に

vorsichtig 形 用心深い，慎重な

【W】

Wagen 男 単² -s / 複 - 自動車

während 前 2格支配 …の間

Wald 男 単² -[e]s / 複 Wälder 森

Walpurgisnacht 女 ワルプルギスの夜

Walzer 男 単² -s / 複 - ワルツ

wandern 動 ハイキングをする

wandern gehen 動 ハイキングに行く

wann 疑 いつ

Wanne 女 / 複 -n 浴槽

war → sein の過去基本形

warm 比 *wärmer* 最 *wärmst* 形 温かい ⇔ kalt, kühl

warten 動 [auf + 4格] …⁴を待つ

現在	ich	warte		wir	warten
	du	**wartest**		ihr	**wartet**
	er	**wartet**		sie	warten
		Sie	warten		
過去 wartete	過分 **gewartet** (haben 支配)				

was 疑 何が(を)，[不定関係代名詞] …する事

waschen 動 再 [sich⁴] 自分の体を洗う，…⁴を洗う

現在	ich	wasche	mich	wir	waschen	uns
	du	**wäschst**	dich	ihr	wascht	euch
	er	**wäscht**	sich	sie	waschen	sich
		Sie	waschen	sich		
過去 **wusch**	過分 **gewaschen** (haben 支配)					

Wasser 中 単² -s / 複 - 水

Weg 男 単² -[e]s / 複 -e 道

wegen 前 2格支配 …のために

Weihnachten 中 単² -/ 複 - クリスマス

　関連語 Weihnachtsbaum 男 クリスマスツリー

　　Weihnachtskuchen 男 クリスマスケーキ

　　Weihnachtsmann 男 サンタクロース

　　Weihnachtsmarkt 男 クリスマス市

　　Weihnachtsoratorium 中 クリスマスオラトリオ

　　Weihnachtsplätzchen 中 クリスマスクッキー

　　Weihnachtstag 男 クリスマスの祝日

weil 接 …なので

Weile 女 しばらくの間

Wein 男 単² -[e]s / 複 -e ワイン

Weise 女 / 複 -n やり方

weiß 比 weiß*er* 最 weiß*est* 形 白い

weiß → wissen の3人称単数

weit 比 weit*er* 最 weit*est* 形 遠い，広い

weiter|gehen 動 先へ進む

welcher 冠 どの

	男	女	中	複
1格	welcher	welche	welches	welche
2格	welches	welcher	welches	welcher
3格	welchem	welcher	welchem	welchen
4格	welchen	welche	welches	welche

Welt 女 / 複 -en 世界

　関連語 weltbekannt 形 世界中に知られた

　　Welterbe 女 世界遺産

　　Weltkrieg 男 世界大戦

wem 疑 誰に

wen �疑 誰を

wenn 接 もし…なら

wer 疑 誰が，［不定関係代名詞］…する人

werden 動 …になる

現在	ich	werde	wir	werden
	du	**wirst**	ihr	werdet
	er	**wird**	sie	werden
		Sie werden		
過去	ich	**wurde**	wir	wurden
	du	wurdest	ihr	wurdet
	er	wurde	sie	wurden
		Sie wurden		
過分	**geworden** / (**worden**) (sein 支配)			

wessen 疑 誰の

Wettrennen 中 単² -s / 複 - かけっこ

wie 疑 どのように

wieder 副 再び

Wien （都市名）ウィーン

Wiese 女 / 複 -n 草地

windig 形 風のある

windsurfen 動 ウィンドサーフィンをする

Winter 男 単² -s / 複 - 冬

wir 代 私たちが

wirklich 副 本当に

wissen 過去 wusste 過分 gewusst (h) 動 …⁴を知っている

wo 疑 どこ

Woche 女 / 複 -n 週

Wochenende 中 単² -s / 複 -n 週末

woher 疑 どこから

wohin 疑 どこへ

wohl 比 wohler 最 am wohlsten 副 気分良く

wohnen 動 …に住んでいる

現在	ich	wohne	wir	wohnen
	du	wohnst	ihr	wohnt
	er	wohnt	sie	wohnen
		Sie wohnen		
過去	wohnte	過分	**gewohnt** (haben 支配)	

Wohngemeinschaft 女 / 複 -en シェアハウス

Wohnung 女 / 複 -en 住まい

Wohnzimmer 中 単² -s / 複 - リビングルーム

wolkig 形 曇った

wollen 動 …するつもりだ

Wörterbuch 中 単² -[e]s / 複 ...bücher 辞書

wünschen 動 …³に…⁴の幸せを祈る

wurde → werden の過去基本形

Wurst 女 ソーセージ

	単 数		複 数	
1格	die	Wurst	die	Würste
2格	der	Wurst	der	Würste
3格	der	Wurst	den	Würsten
4格	die	Wurst	die	Würste

【Z】

Zahn 男 単² -[e]s / 複 Zähne 歯

Zahl 女 / 複 -en 数字

z. B. 略 例えば(= zum Beispiel の略)

zeigen 動 …⁴を示す

Zeit 女 / 複 -en 時間

Zeitschrift 女 / 複 -en 雑誌

Zeitung 女 / 複 -en 新聞

zerstören 動 …⁴を破壊する

Ziel 中 単² -[e]s / 複 -e 目的地

Zoo 男 単² -s / 複 -s 動物園

zu 前 3格支配 …のところへ 副 あまりに…，…すぎる

◇ zu klein 小さすぎる

Zürich （都市名）チューリヒ

zuerst 副 最初に，先に

zum → zu + dem の融合形

zur → zu + der の融合形

zurück|kommen 動 戻る

zusammen 副 一緒に

Zutat 女 / 複 -en （料理の）材料

Zwiebel 女 / 複 -n 玉ねぎ

zwischen 前 3・4格支配 …の間で／へ

不規則動詞変化表

	不定詞		直接法現在		直接法過去		過去分詞	
01	ab|fahren 出発する	ich	fahre	… ab	fuhr	… ab	bin	
		du	**fährst**	… ab	fuhrst	… ab	bist	
		er	**fährt**	… ab	fuhr	… ab	ist	… **abgefahren**
		wir	fahren	… ab	fuhren	… ab	sind	
		ihr	fahrt	… ab	fuhrt	… ab	seid	
		sie	fahren	… ab	fuhren	… ab	sind	
02	ab|reißen 取り壊す	ich	reiße	… ab	**riss**	… ab	habe	
		du	**reißt**	… ab	rissest	… ab	hast	
		er	reißt	… ab	riss	… ab	hat	… **abgerissen**
		wir	reißen	… ab	rissen	… ab	haben	
		ihr	reißt	… ab	risst	… ab	habt	
		sie	reißen	… ab	rissen	… ab	haben	
03	an|kommen 到着する	ich	komme	… an	**kam**	… an	bin	
		du	kommst	… an	kamst	… an	bist	
		er	kommt	… an	kam	… an	ist	… **angekommen**
		wir	kommen	… an	kamen	… an	sind	
		ihr	kommt	… an	kamt	… an	seid	
		sie	kommen	… an	kamen	… an	sind	
04	an|rufen 電話をする	ich	rufe	… an	**rief**	… an	habe	
		du	rufst	… an	riefst	… an	hast	
		er	ruft	… an	rief	… an	hat	… **angerufen**
		wir	rufen	… an	riefen	… an	haben	
		ihr	ruft	… an	rieft	… an	habt	
		sie	rufen	… an	riefen	… an	haben	
05	auf|stehen 起きる	ich	stehe	… auf	**stand**	… auf	bin	
		du	stehst	… auf	stand[e]st	… auf	bist	
		er	steht	… auf	stand	… auf	ist	… **aufgestanden**
		wir	stehen	… auf	standen	… auf	sind	
		ihr	steht	… auf	standet	… auf	seid	
		sie	stehen	… auf	standen	… auf	sind	
06	aus|sehen (…のように)見える	ich	sehe	… aus	**sah**	… aus	habe	
		du	**siehst**	… aus	sahst	… aus	hast	
		er	**sieht**	… aus	sah	… aus	hat	… **ausgesehen**
		wir	sehen	… aus	sahen	… aus	haben	
		ihr	seht	… aus	saht	… aus	habt	
		sie	sehen	… aus	sahen	… aus	haben	

	不定詞		直接法現在	直接法過去		過去分詞
07	beginnen 始まる	ich	beginne	**begann**	habe	
		du	beginnst	begannst	hast	
		er	beginnt	begann	hat	... **begonnen**
		wir	beginnen	begannen	haben	
		ihr	beginnt	begannt	habt	
		sie	beginnen	begannen	haben	
08	bekommen もらう	ich	bekomme	**bekam**	habe	
		du	bekommst	bekamst	hast	
		er	bekommt	bekam	hat	... **bekommen**
		wir	bekommen	bekamen	haben	
		ihr	bekommt	bekamt	habt	
		sie	bekommen	bekamen	haben	
09	besitzen 所有している	ich	besitze	**besaß**	habe	
		du	**besitzt**	besaßest	hast	
		er	besitzt	besaß	hat	... **besessen**
		wir	besitzen	besaßen	haben	
		ihr	besitzt	besaßt	habt	
		sie	besitzen	besaßen	haben	
10	bestehen 合格する	ich	bestehe	**bestand**	habe	
		du	bestehst	bestand[e]st	hast	
		er	besteht	bestand	hat	... **bestanden**
		wir	bestehen	bestanden	haben	
		ihr	besteht	bestandet	habt	
		sie	bestehen	bestanden	haben	
11	bitten 頼む	ich	bitte	**bat**	habe	
		du	**bittest**	bat[e]st	hast	
		er	**bittet**	bat	hat	... **gebeten**
		wir	bitten	baten	haben	
		ihr	**bittet**	batet	habt	
		sie	bitten	baten	haben	
12	bleiben とどまる	ich	bleibe	**blieb**	bin	
		du	bleibst	bliebst	bist	
		er	bleibt	blieb	ist	... **geblieben**
		wir	bleiben	blieben	sind	
		ihr	bleibt	bliebt	seid	
		sie	bleiben	blieben	sind	
13	bringen 持って行く	ich	bringe	**brachte**	habe	
		du	bringst	brachtest	hast	
		er	bringt	brachte	hat	... **gebracht**
		wir	bringen	brachten	haben	
		ihr	bringt	brachtet	habt	
		sie	bringen	brachten	haben	

	不定詞		直接法現在	直接法過去		過去分詞
14	denken 考える	ich	denke	**dachte**	habe	
		du	denkst	dachtest	hast	
		er	denkt	dachte	hat	**… gedacht**
		wir	denken	dachten	haben	
		ihr	denkt	dachtet	habt	
		sie	denken	dachten	haben	
15	dürfen …してもよい	ich	**darf**	durfte	habe	
		du	**darfst**	durftest	hast	
		er	**darf**	durfte	hat	**… gedürft / dürfen**
		wir	dürfen	durften	haben	
		ihr	dürft	durftet	habt	
		sie	dürfen	durften	haben	
16	ein|schlafen 眠り込む	ich	schlafe … ein	**schlief** … ein	bin	
		du	**schläfst** … ein	schliefst … ein	bist	
		er	**schläft** … ein	schlief … ein	ist	**… eingeschlafen**
		wir	schlafen … ein	schliefen … ein	sind	
		ihr	schlaft … ein	schlieft … ein	seid	
		sie	schlafen … ein	schliefen … ein	sind	
17	essen 食べる	ich	esse	**aß**	habe	
		du	**isst**	aßest	hast	
		er	**isst**	aß	hat	**… gegessen**
		wir	essen	aßen	haben	
		ihr	esst	aßt	habt	
		sie	essen	aßen	haben	
18	fahren （乗り物で）行く	ich	fahre	**fuhr**	bin	
		du	**fährst**	fuhrst	bist	
		er	**fährt**	fuhr	ist	**… gefahren**
		wir	fahren	fuhren	sind	
		ihr	fahrt	fuhrt	seid	
		sie	fahren	fuhren	sind	
19	fern|sehen テレビを見る	ich	sehe … fern	**sah** … fern	habe	
		du	**siehst** … fern	sahst … fern	hast	
		er	**sieht** … fern	sah … fern	hat	**… ferngesehen**
		wir	sehen … fern	sahen … fern	haben	
		ihr	seht … fern	saht … fern	habt	
		sie	sehen … fern	sahen … fern	haben	
20	finden 見つける	ich	finde	**fand**	habe	
		du	**findest**	fand[e]st	hast	
		er	**findet**	fand	hat	**… gefunden**
		wir	finden	fanden	haben	
		ihr	**findet**	fandet	habt	
		sie	finden	fanden	haben	

不定詞			直接法現在	直接法過去		過去分詞
21	fliegen	ich	fliege	**flog**	bin	
	飛ぶ	du	fliegst	flog[e]st	bist	
		er	fliegt	flog	ist	... **geflogen**
		wir	fliegen	flogen	sind	
		ihr	fliegt	flogt	seid	
		sie	fliegen	flogen	sind	
22	geben	ich	gebe	**gab**	habe	
	与える	du	**gibst**	gabst	hast	
		er	**gibt**	gab	hat	... **gegeben**
		wir	geben	gaben	haben	
		ihr	gebt	gabt	habt	
		sie	geben	gaben	haben	
23	gefallen	es	**gefällt**	**gefiel**	hat	... **gefallen**
	気に入る	sie	gefallen	gefielen	haben	
24	gehen	ich	gehe	**ging**	bin	
	行く	du	gehst	gingst	bist	
		er	geht	ging	ist	... **gegangen**
		wir	gehen	gingen	sind	
		ihr	geht	gingt	seid	
		sie	gehen	gingen	sind	
25	gewinnen	ich	gewinne	**gewann**	habe	
	勝つ	du	gewinnst	gewann[e]st	hast	
		er	gewinnt	gewann	hat	... **gewonnen**
		wir	gewinnen	gewannen	haben	
		ihr	gewinnt	gewannt	habt	
		sie	gewinnen	gewannen	haben	
26	haben	ich	habe	hatte	habe	
	持っている	du	hast	hattest	hast	
		er	hat	hatte	hat	... **gehabt**
		wir	haben	hatten	haben	
		ihr	habt	hattet	habt	
		sie	haben	hatten	haben	
27	heißen	ich	heiße	**hieß**	habe	
	名前である	du	**heißt**	hießest	hast	
		er	heißt	hieß	hat	... **geheißen**
		wir	heißen	hießen	haben	
		ihr	heißt	hießt	habt	
		sie	heißen	hießen	haben	

	不定詞		直接法現在	直接法過去	過去分詞
28	helfen 助ける	ich	helfe	**half**	habe
		du	**hilfst**	half[e]st	hast
		er	**hilft**	half	hat
		wir	helfen	halfen	haben
		ihr	helft	halft	habt
		sie	helfen	halfen	haben
					… **geholfen**
29	kennen 知っている	ich	kenne	**kannte**	habe
		du	kennst	kanntest	hast
		er	kennt	kannte	hat
		wir	kennen	kannten	haben
		ihr	kennt	kanntet	habt
		sie	kennen	kannten	haben
					… **gekannt**
30	kommen 来る	ich	komme	**kam**	bin
		du	kommst	kamst	bist
		er	kommt	kam	ist
		wir	kommen	kamen	sind
		ihr	kommt	kamt	seid
		sie	kommen	kamen	sind
					… **gekommen**
31	können …できる	ich	**kann**	konnte	habe
		du	**kannst**	konntest	hast
		er	**kann**	konnte	hat
		wir	können	konnten	haben
		ihr	könnt	konntet	habt
		sie	können	konnten	haben
					… **gekonnt / können**
32	lassen …させる	ich	lasse	ließ	habe
		du	**lässt**	ließest	hast
		er	**lässt**	ließ	hat
		wir	lassen	ließen	haben
		ihr	lasst	ließt	habt
		sie	lassen	ließen	haben
					… **gelassen / lassen**
33	laufen 走る	ich	laufe	**lief**	bin
		du	**läufst**	lief[e]st	bist
		er	**läuft**	lief	ist
		wir	laufen	liefen	sind
		ihr	lauft	lieft	seid
		sie	laufen	liefen	sind
					… **gelaufen**
34	lesen 読む	ich	lese	**las**	habe
		du	**liest**	lasest	hast
		er	**liest**	las	hat
		wir	lesen	lasen	haben
		ihr	lest	last	habt
		sie	lesen	lasen	haben
					… **gelesen**

	不定詞		直接法現在		直接法過去		過去分詞
35	liegen 横になっている	ich	liege		**lag**		habe
		du	liegst		lagst		hast
		er	liegt		lag		hat
		wir	liegen		lagen		haben ... **gelegen**
		ihr	liegt		lagt		habt
		sie	liegen		lagen		haben
36	los|gehen 出発する	ich	gehe ... los		**ging** ... los		bin
		du	gehst ... los		gingst ... los		bist
		er	geht ... los		ging ... los		ist
		wir	gehen ... los		gingen ... los		sind ... **losgegangen**
		ihr	geht ... los		gingt ... los		seid
		sie	gehen ... los		gingen ... los		sind
37	mit|kommen いっしょに来る	ich	komme ... mit		**kam** ... mit		bin
		du	kommst ... mit		kamst ... mit		bist
		er	kommt ... mit		kam ... mit		ist
		wir	kommen ... mit		kamen ... mit		sind ... **mitgekommen**
		ihr	kommt ... mit		kamt ... mit		seid
		sie	kommen ... mit		kamen ... mit		sind
38	mögen …かもしれない	ich	mag		mochte		habe
		du	magst		mochtest		hast
		er	mag		mochte		hat
		wir	mögen		mochten		haben ... **gemocht** / **mögen**
		ihr	mögt		mochtet		habt
		sie	mögen		mochten		haben
39	müssen …ねばならない	ich	muss		musste		habe
		du	musst		musstest		hast
		er	muss		musste		hat
		wir	müssen		mussten		haben ... **gemusst** / **müssen**
		ihr	müsst		musstet		habt
		sie	müssen		mussten		haben
40	nehmen 取る	ich	nehme		**nahm**		habe
		du	**nimmst**		nahm[e]st		hast
		er	**nimmt**		nahm		hat
		wir	nehmen		nahmen		haben ... **genommen**
		ihr	nehmt		nahmt		habt
		sie	nehmen		nahmen		haben
41	rennen 走る	ich	renne		rannte		bin
		du	rennst		ranntest		bist
		er	rennt		rannte		ist
		wir	rennen		rannten		sind ... **gerannt**
		ihr	rennt		ranntet		seid
		sie	rennen		rannten		sind

	不定詞		直接法現在	直接法過去		過去分詞
42	rufen 大声で言う，呼ぶ	ich	rufe	**rief**	habe	
		du	rufst	rief[e]st	hast	
		er	ruft	rief	hat	... **gerufen**
		wir	rufen	riefen	haben	
		ihr	ruft	rieft	habt	
		sie	rufen	riefen	haben	
43	schieben 押して動かす	ich	schiebe	**schob**	habe	
		du	schiebst	schob[e]st	hast	
		er	schiebt	schob	hat	... **geschoben**
		wir	schieben	schoben	haben	
		ihr	schiebt	schobt	habt	
		sie	schieben	schoben	haben	
44	schießen 打ち上げる，撃つ	ich	schieße	**schoss**	habe	
		du	**schießt**	schossest	hast	
		er	schießt	schoss	hat	... **geschossen**
		wir	schießen	schossen	haben	
		ihr	schießt	schosst	habt	
		sie	schießen	schossen	haben	
45	schlafen 眠る	ich	schlafe	**schlief**	habe	
		du	**schläfst**	schlief[e]st	hast	
		er	**schläft**	schlief	hat	... **geschlafen**
		wir	schlafen	schliefen	haben	
		ihr	schlaft	schlieft	habt	
		sie	schlafen	schliefen	haben	
46	schlagen 打つ，打ち負かす	ich	schlage	**schlug**	habe	
		du	**schlägst**	schlug[e]st	hast	
		er	**schlägt**	schlug	hat	... **geschlagen**
		wir	schlagen	schlugen	haben	
		ihr	schlagt	schlugt	habt	
		sie	schlagen	schlugen	haben	
47	schließen 閉める	ich	schließe	**schloss**	habe	
		du	**schließt**	schlossest	hast	
		er	schließt	schloss	hat	... **geschlossen**
		wir	schließen	schlossen	haben	
		ihr	schließt	schlosst	habt	
		sie	schließen	schlossen	haben	
48	schneiden 切る	ich	schneide	**schnitt**	habe	
		du	**schneidest**	schnitt[e]st	hast	
		er	**schneidet**	schnitt	hat	... **geschnitten**
		wir	schneiden	schnitten	haben	
		ihr	**schneidet**	schnittet	habt	
		sie	schneiden	schnitten	haben	

	不定詞		直接法現在	直接法過去	過去分詞	
49	schreiben 書く	ich	schreibe	schrieb	habe	**... geschrieben**
		du	schreibst	schrieb[e]st	hast	
		er	schreibt	schrieb	hat	
		wir	schreiben	schrieben	haben	
		ihr	schreibt	schriebt	habt	
		sie	schreiben	schrieben	haben	
50	schwimmen 泳ぐ	ich	schwimme	**schwamm**	bin / habe	**... geschwommen**
		du	schwimmst	schwamm[e]st	bist / hast	
		er	schwimmt	schwamm	ist / hat	
		wir	schwimmen	schwammen	sind / haben	
		ihr	schwimmt	schwammt	seid / habt	
		sie	schwimmen	schwammen	sind / haben	
51	sehen 見る	ich	sehe	**sah**	habe	**... gesehen**
		du	**siehst**	sahst	hast	
		er	**sieht**	sah	hat	
		wir	sehen	sahen	haben	
		ihr	seht	saht	habt	
		sie	sehen	sahen	haben	
52	sein …である	ich	bin	war	bin	**... gewesen**
		du	bist	warst	bist	
		er	ist	war	ist	
		wir	sind	waren	sind	
		ihr	seid	wart	seid	
		sie	sind	waren	sind	
53	singen 歌う	ich	singe	**sang**	habe	**... gesungen**
		du	singst	sang[e]st	hast	
		er	singt	sang	hat	
		wir	singen	sangen	haben	
		ihr	singt	sangt	habt	
		sie	singen	sangen	haben	
54	sitzen 座る	ich	sitze	**saß**	habe	**... gesessen**
		du	**sitzt**	saßest	hast	
		er	sitzt	saß	hat	
		wir	sitzen	saßen	haben	
		ihr	sitzt	saßt	habt	
		sie	sitzen	saßen	haben	
55	sollen …すべきである	ich	soll	sollte	habe	**... gesollt / sollen**
		du	sollst	solltest	hast	
		er	soll	sollte	hat	
		wir	sollen	sollten	haben	
		ihr	sollt	solltet	habt	
		sie	sollen	sollten	haben	

	不定詞		直接法現在	直接法過去	過去分詞
56	spazieren gehen 散歩する	ich	gehe … spazieren	ging … spazieren	bin
		du	gehst … spazieren	gingst … spazieren	bist
		er	geht … spazieren	ging … spazieren	ist
		wir	gehen … spazieren	gingen … spazieren	sind
		ihr	geht … spazieren	gingt … spazieren	seid
		sie	gehen … spazieren	gingen … spazieren	sind
					… spazieren gegangen
57	sprechen 話す	ich	spreche	**sprach**	habe
		du	**sprichst**	sprach[e]st	hast
		er	**spricht**	sprach	hat
		wir	sprechen	sprachen	haben
		ihr	sprecht	spracht	habt
		sie	sprechen	sprachen	haben
					… gesprochen
58	stehen 立っている	ich	stehe	**stand**	habe
		du	stehst	stand[e]st	hast
		er	steht	stand	hat
		wir	stehen	standen	haben
		ihr	steht	standet	habt
		sie	stehen	standen	haben
					… gestanden
59	statt|finden 開催される	es	**findet** … statt	fand … statt	hat
		sie	finden … statt	fanden … statt	haben
					… stattgefunden
60	teil|nehmen 参加する	ich	nehme … teil	**nahm** … teil	habe
		du	**nimmst** … teil	nahm[e]st … teil	hast
		er	**nimmt** … teil	nahm … teil	hat
		wir	nehmen … teil	nahmen … teil	haben
		ihr	nehmt … teil	nahmt … teil	habt
		sie	nehmen … teil	nahmen … teil	haben
					… teilgenommen
61	tragen 身につけている	ich	trage	**trug**	habe
		du	**trägst**	trugst	hast
		er	**trägt**	trug	hat
		wir	tragen	trugen	haben
		ihr	tragt	trugt	habt
		sie	tragen	trugen	haben
					… getragen
62	treffen 会う	ich	treffe	**traf**	habe
		du	**triffst**	traf[e]st	hast
		er	**trifft**	traf	hat
		wir	treffen	trafen	haben
		ihr	trefft	traft	habt
		sie	treffen	trafen	haben
					… getroffen

	不定詞		直接法現在		直接法過去		過去分詞
63	trinken 飲む	ich	trinke		**trank**		
		du	trinkst		trank[e]st		
		er	trinkt		trank		
		wir	trinken		tranken		... **getrunken**
		ihr	trinkt		trankt		
		sie	trinken		tranken		
64	verbringen 過ごす	ich	verbringe		**verbrachte**		
		du	verbringst		verbrachtest		
		er	verbringt		verbrachte		
		wir	verbringen		verbrachten		... **verbracht**
		ihr	verbringt		verbrachtet		
		sie	verbringen		verbrachten		
65	verstehen 分かる	ich	verstehe		**verstand**		
		du	verstehst		verstand[e]st		
		er	versteht		verstand		
		wir	verstehen		verstanden		... **verstanden**
		ihr	versteht		verstandet		
		sie	verstehen		verstanden		
66	voran|gehen 前へ進む	ich	gehe ... voran		**ging** ... voran		
		du	gehst ... voran		gingst ... voran		
		er	geht ... voran		ging ... voran		
		wir	gehen ... voran		gingen ... voran		... **vorangegangen**
		ihr	geht ... voran		gingt ... voran		
		sie	gehen ... voran		gingen ... voran		
67	vorbei|gehen かたわらを通り過ぎる	ich	gehe ... vorbei		**ging** ... vorbei		
		du	gehst ... vorbei		gingst ... vorbei		
		er	geht ... vorbei		ging ... vorbei		
		wir	gehen ... vorbei		gingen ... vorbei		... **vorbeigegangen**
		ihr	geht ... vorbei		gingt ... vorbei		
		sie	gehen ... vorbei		gingen ... vorbei		
68	vor|haben 予定している	ich	habe ... vor		hatte ... vor		
		du	hast ... vor		hattest ... vor		
		er	hat ... vor		hatte ... vor		
		wir	haben ... vor		hatten ... vor		... **vorgehabt**
		ihr	habt ... vor		hattet ... vor		
		sie	haben ... vor		hatten ... vor		
69	vor|lesen 読んで聞かせる	ich	lese ... vor		**las** ... vor		
		du	**liest** ... vor		lasest ... vor		
		er	**liest** ... vor		las ... vor		
		wir	lesen ... vor		lasen ... vor		... **vorgelesen**
		ihr	lest ... vor		last ... vor		
		sie	lesen ... vor		lasen ... vor		

The 過去分詞 column for each entry also shows the auxiliary verb conjugations:

- 63 trinken: habe / hast / hat / haben / habt / haben ... **getrunken**
- 64 verbringen: habe / hast / hat / haben / habt / haben ... **verbracht**
- 65 verstehen: habe / hast / hat / haben / habt / habe ... **verstanden**
- 66 voran|gehen: bin / bist / ist / sind / seid / sind ... **vorangegangen**
- 67 vorbei|gehen: bin / bist / ist / sind / seid / sind ... **vorbeigegangen**
- 68 vor|haben: habe / hast / hat / haben / habt / haben ... **vorgehabt**
- 69 vor|lesen: habe / hast / hat / haben / habt / haben ... **vorgelesen**

	不定詞		直接法現在	直接法過去	過去分詞
70	wandern gehen	ich	gehe ... wandern	**ging** ... wandern	bin
	ハイキングに行く	du	gehst ... wandern	gingst ... wandern	bist
		er	geht ... wandern	ging ... wandern	ist
		wir	gehen ... wandern	gingen ... wandern	sind } ... **wandern gegangen**
		ihr	geht ... wandern	gingt ... wandern	seid
		sie	gehen ... wandern	gingen ... wandern	sind
71	waschen	ich	wasche	**wusch**	habe
	洗う	du	**wäschst**	wusch[e]st	hast
		er	**wäscht**	wusch	hat
		wir	waschen	wuschen	haben } ... **gewaschen**
		ihr	wascht	wuscht	habt
		sie	waschen	wuschen	haben
72	weiter|gehen	ich	gehe ... weiter	**ging** ... weiter	bin
	先へ進む	du	gehst ... weiter	gingst ... weiter	bist
		er	geht ... weiter	ging ... weiter	ist
		wir	gehen ... weiter	gingen ... weiter	sind } ... **weitergegangen**
		ihr	geht ... weiter	gingt ... weiter	seid
		sie	gehen ... weiter	gingen ... weiter	sind
73	werden	ich	werde	wurde	bin
	…になる	du	wirst	wurdest	bist
		er	wird	wurde	ist
		wir	werden	wurden	sind } ... **geworden / worden**
		ihr	werdet	wurdet	seid
		sie	werden	wurden	sind
74	wissen	ich	**weiß**	**wusste**	habe
	知っている	du	**weißt**	wusstest	hast
		er	**weiß**	wusste	hat
		wir	wissen	wussten	haben } ... **gewusst**
		ihr	wisst	wusstet	habt
		sie	wissen	wussten	haben
75	wollen	ich	**will**	wollte	habe
	…するつもりだ	du	**willst**	wolltest	hast
		er	**will**	wollte	hat
		wir	wollen	wollten	haben } ... **gewollt / wollen**
		ihr	wollt	wolltet	habt
		sie	wollen	wollten	haben
76	zurück|kommen	ich	komme ... zurück	**kam** ... zurück	bin
	戻る	du	kommst ... zurück	kamst ... zurück	bist
		er	kommt ... zurück	kam ... zurück	ist
		wir	kommen ... zurück	kamen ... zurück	sind } ... **zurückgekommen**
		ihr	kommt ... zurück	kamt ... zurück	seid
		sie	kommen ... zurück	kamen ... zurück	sind